BEYOND
T H E
CRISIS

비욘드 더 크라이시스 Beyond the Crisis

초판 1쇄 발행 | 2023년 2월 17일

지은이 | 안근모
펴낸이 | 이원범
기획 · 편집 | 어바웃어북 기획편집실
마케팅 | 안오영
표지 · 본문 디자인 | 강선욱

펴낸곳 | 어바웃어북 aboutabook
출판등록 | 2010년 12월 24일 제2010-000377호
주소 | 서울시 강서구 마곡중앙로 161-8(마곡동, 두산더랜드파크) C동 1002호
전화 | (편집팀) 070-4232-6071 (영업팀) 070-4233-6070
팩스 | 02-335-6078

보이지 않는 손이 그린 침체와 회복의 곡선들

BEYOND
비욘드
더
크라이시스
THE
CRISIS

안근모 지음

false dawn

어바웃어북

정해진 미래는 없다

미국 필라델피아 연방준비은행은 경제 전망을 본업으로 삼는 전문가들을
대상으로 석 달에 한 번씩 설문조사를 합니다. 앞으로 성장과 고용 및
물가가 어떨지를 주로 묻는데, 경제가 침체에 빠질 확률도 질문에
포함돼 있습니다. 2022년 말에 실시한 조사에서 전문가들이 답한
'4개 분기 뒤 미국 경제 침체 가능성'은 평균 43.5%로 나왔습니다.
지난 1968년부터 이 조사를 해 온 이후로 1년 뒤를 이렇게까지
비관적으로 내다봤던 사례는 전무했습니다.

경제 전문가들은 미국 경제가 곧 리세션에 빠질 것
이라고 거의 확신하고 있습니다. 그래서 이번 침체는
'역사상 가장 많은 사람들이 예견한 리세션(most widely
anticipated recession ever)'이라고들 합니다.

'경제는 심리'라고 하지요? 경기가 침체에 빠질 것이 확실시된다면
사람들은 돈을 쓰지 않으려고 할 것입니다. 기업들은 투자와 고용을
줄이고, 소비자들은 지출을 삼갑니다. 그래서 우려했던 경기침체가
실제로 발생하게 됩니다. 이른바 '자기실현적 예언(self-fulfilling
prophecy)'이라고 부르는 현상입니다.

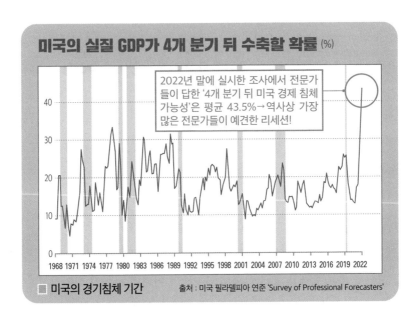

미국의 실질 GDP가 4개 분기 뒤 수축할 확률 (%)

2022년 말에 실시한 조사에서 전문가들이 답한 '4개 분기 뒤 미국 경제 침체 가능성'은 평균 43.5%→역사상 가장 많은 전문가들이 예견한 리세션!

☐ 미국의 경기침체 기간

출처 : 미국 필라델피아 연준 'Survey of Professional Forecasters'

그렇다면 이번 리세션은 실제로 발생할 가능성이
정말로 높다고 할 수 있습니다. 역사상 가장 광범위하게
예견되고 있는 리세션이니까요. 그런데 말입니다.
미래는 결코 정해져 있지 않습니다. 특히 이번
리세션은 오히려 발생하지 않을 가능성도
무시할 수 없습니다. 역사상 가장 광범위하게
예견되고 있는 리세션이기 때문입니다.
역설적이지요?

하나의 메커니즘을 예로 들어 보겠습니다.

지금 미국 기업들은 과거 유례를 찾기 어려운 수준으로 많은 재고를
쌓아 두고 있습니다. 공급차질을 우려해서, 물가상승을 기대해서 창고를
잔뜩 채워 놓았던 것이지요. 그런데 만약 리세션이 올 게 확실해 보인다면
기업들은 경쟁적으로 재고 처분에 나설 수 있습니다. 실제 그런 일이
발생한다면 성장보다 물가가 훨씬 더 빠르게 꺾여 내려갈 수도 있으니까요.
그렇다면 중앙은행은 경제를 그다지 긴축하지 않고도 인플레이션을
잡을 수 있겠습니다. 모두가 예상하는 리세션은 실제 침체의 발생 시기를
뒤로 미루는 효과를 가져올 수도 있습니다. 미국 리세션 전망이
팽배해지면서 시장 금리와 달러가 대폭 떨어지면 뜻하지 않게
전 세계 금융환경이 완화되는 효과를 낳을 것이기 때문입니다.
그동안의 긴축효과가 그런 식으로 희석되어 버리면 과열이 길어지고
불균형이 더 많이 축적되어 뒤탈이 더 커질 수 있겠습니다.
'소프트 랜딩이 가능하다'는 미국 연방준비제도의 계속된 주장도
자신들의 물가 억제 노력을 방해하는 뜻밖의 부작용을 낳을 수 있습니다.
중앙은행의 경제 연착륙 의지와 능력을 믿는 기업들은 재고 처분을 꺼리고
비싼 임금으로 계속 고용을 늘리려 할 것이기 때문입니다.
'자기실현적 예언'의 또 다른 버전이라 하겠습니다.
많은 사람들이 갈수록 더 많은 정보에 쉽게 접근할 수 있게 되고,
그 정보의 유통 속도는 빨라지고 있습니다. 그리고 '정책이 있으면
대책이 있다'고 합니다. 경제의 경로는 정부와 민간의 기대가 상호작용하는
방식으로 만들어 집니다. 미래는 그래서 날마다 새롭고 변화무쌍합니다.

이 책은 대부분 미국을 중심에 놓고 기술하고 있습니다.

미국은 세계에서 가장 크고 영향력 있는 경제대국일 뿐 아니라,

이번 인플레이션의 진원지이기도 하기 때문입니다.

본문에는 경제에 관한 전망을 일부 담고 있지만, 그것은 어디까지나

'현재' 가능성 높아 보이는 하나의 경로일 뿐입니다.

필자가 독자 여러분들께 전달하고자 하는 바는 정해진 미래가 아닌,

미래가 형성되는 메커니즘입니다. 이 책은 경기 사이클을 대처하는

방법론을 담고 있습니다. 어떠한 작용원리 하에서 경제의 미래 경로가

결정되는 지를 이해한다면 그 오르내림을 선점할 수가 있겠습니다.

이 책의 초고는 지식과 정보가 있는 모바일 뉴스 '티타임즈'와

공동으로 기획해 만든 강연 자료를 토대로 했습니다.

그 뼈대는 2022년 10월 말에 만들어졌으며,

필요에 따라 늦게는 2022년 12월 중순까지의 데이터를 적용했습니다.

이 책은 시각자료를 활용해 경제를 직관적으로 쉽게 이해할 수 있도록

하는데 주안점을 두었습니다. 골치 아프고 복잡한 교과서적 서술을

피하고자 했으며, 수록된 각종 데이터의 디테일한 부분 역시 설명을

생략했습니다. 오류가 없도록 여러 차례에 걸쳐 점검을 했습니다만,

혹시라도 잘못된 팩트나 논리가 남아 있다면 그것은 전적으로 필자의

잘못입니다.

2023년 1월

안 근 모

LESSON
1

왜
심각한 침체는
불가피한가?

좋은 인플레,
나쁜 인플레,
혹은 이상한 인플레?

인플레이션(inflation) 이란?

▶ 중립적인 뜻으로 사용될 때

1년 전과 비교한 물가상승률

예) "중앙은행은 2%의 인플레이션을 목표로 한다."

▶ 부정적인 뜻으로 사용될 때

[1] 물가가 '큰 폭으로'

[2] '광범위한 품목'에 걸쳐

[3] '지속적'으로 상승하는 현상

예) "인플레이션이 뿌리를 내리지 않도록 긴축정책을 강화했다."

가까운 미래 세계 경제는 어떤 모습으로 변해 있을까요?

조금 과장해서 거의 모든 지구인이 궁금해 하는 질문일 것입니다.

그걸 내다보려면 아무래도 인플레이션을 빼놓을 수가 없겠습니다.

미국의 인플레이션은 40년 만에 가장 높습니다.
심각성으로 따지자면 지난 1970년대 이후
처음 경험하는 인플레이션입니다.
반세기만에 찾아온 인플레이션의 위기 너머에는
무엇이 있을까요?

우선 인플레이션 그 자체에 대해서 살펴봐야하겠습니다.

지겹도록 듣고 있지요? 인플레이션!

인플레이션이란 말은 보통은 좋다, 나쁘다, 그런 가치평가 없이 중립적인

뜻으로 씁니다. 1년 전에 비해서 물가가 얼마나 올랐느냐, 그 상승률을

말합니다. 중앙은행이 "우리는 2%의 인플레이션을 목표로 삼고 있다"고

말할 때 인플레이션은 전년동기비(1년 전 같은 기간 대비) 물가상승률입니다.

좋다, 나쁘다 그런 의미가 없지요.

그런데 나쁜 의미로 인플레이션이란 말을 쓰기도 합니다. 요즘 같은 때입니다.

나쁜 인플레이션은 크게 세 가지 특징을 전제로 합니다.

① 일단 너무 많이 올라야겠지요. 나쁩니다.

② 한 두가지 품목에 국한된 게 아니라 광범위하게, 여러 품목에서

물가가 많이 오르는 현상입니다. 요즘 아주 체감할 수 있습니다.

③ 그런 나쁜 현상이 잠깐 있고 마는 게 아니라 장기간, 1년 넘게

2년, 3년 지속되는 현상을 인플레이션이라고 합니다.

그래서 이 나쁜 인플레이션 때문에 지금 다들 고생하고 있습니다.

당분간은 어려움이 더 커질 것이란 우려가 제기됩니다.

그런데 나쁜 인플레이션이 갑자기, 무려 반세기 만에
왜 발생했을까요? 그 메커니즘을 살펴보겠습니다.
어디서 많이 본 그래프지요?
그렇습니다. 학교 다닐 때 배웠던 경제 수업의 가장 처음에
등장하는 그래프입니다. 수요곡선입니다.
오른 쪽 아래로, 우하향 합니다. 이 말은,

가격이 높고 비싸면 수요가 감소하고,
가격이 낮으면 수요가 증가한다

는 뜻입니다. 당연하고도 아주 상식적인 얘기입니다.

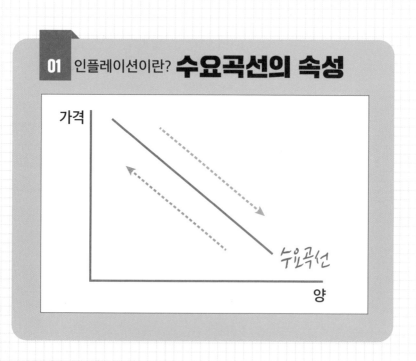

01 인플레이션이란? **수요곡선의 속성**

이어서 반대 방향 그래프를 보겠습니다.

공급곡선입니다. 오른 쪽 위로 '우상향'합니다.

가격이 높고 비싸면
공급이 늘어납니다.

이 역시 당연합니다. 돈을 많이 벌 수 있으니까 그렇습니다.

가격이 낮고 저렴하면
공급이 줄어듭니다.

값이 너무 싸면 팔아 봐야 남는 게 없고,

자칫하면 적자만 내기 때문이지요.

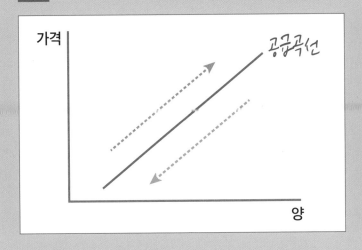

02 인플레이션이란? **공급곡선의 속성**

수요곡선과 공급곡선이 만나는 지점!

이 지점이 실제로

수요량과 공급량이
결정되는 균형점입니다.

Y_0라고 해 두지요.

이 때 가격은 P_0에서 결정됩니다.

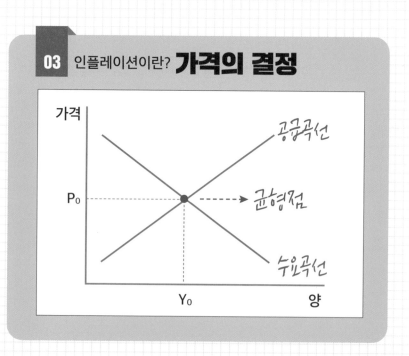

03 인플레이션이란? **가격의 결정**

가격

공급곡선

P_0 ----------- ● - - - ▶ 균형점

수요곡선

Y_0 양

그런데, 무슨 일인지 수요곡선이 이렇게
오른 쪽으로 이동했습니다.
'수요곡선0'이 '수요곡선1'로 옮겨갔습니다.
그러면 균형이 깨집니다. 똑같은 가격인데도 불구하고
사람들이 과거에 비해 더 많이 사겠다고 합니다.
그래서 수요량이 늘어납니다. 어떻게 이런 일이 발생할까요?
사람들 수중에 돈이 많아지면 이러기가 쉽겠지요.
지난 2020년 코로나19 바이러스가 발생했을 때
정부가 사람들에게 공짜로 돈을 나눠줬습니다.
이런 경우 수요곡선이 이렇게 오른 쪽으로 이동하게 됩니다.
이 밖에도 다른 다양한 이유로 수요가 증가했습니다.

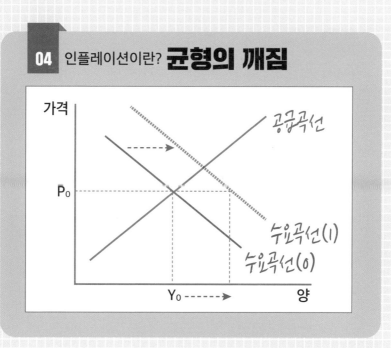

04 인플레이션이란? **균형의 깨짐**

수요곡선이 이렇게 오른쪽으로 이동하면
공급곡선과 만나는 지점도 이동합니다.
수요-공급의 양은 Y_1으로 늘어납니다.
이때 균형을 이루는 가격은 P_1으로 올라갑니다. 즉,

수요가 늘어나서
물가가 올랐습니다.

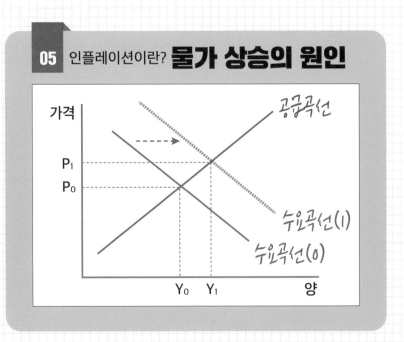

05 인플레이션이란? **물가 상승의 원인**

그런데 말입니다.

팬데믹 때문에 공급곡선에도 큰 변화가 있었습니다.

공급곡선은 이렇게 왼쪽으로 이동했습니다.

똑같은 가격인데도 과거만큼 많이 공급하지 못하겠다고 합니다.

여러 이유들이 있었지요.

예를 들어, 자동차 회사들은 반도체 부품이 부족해서

이렇게 공급을 대폭 줄였습니다.

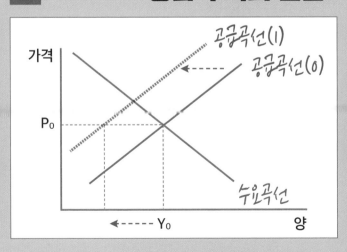

06 인플레이션이란? **공급 부족의 원인**

수요곡선이 오른쪽으로, 공급곡선은 왼쪽으로
이동한 결과가 바로 이렇습니다.

수요공급 물량은 Y_0, 별 변화가 없는데도
가격, 물가는 이렇게 P_1으로 껑충 뛰어올랐습니다.

물가가 많이 올랐습니다. 자동차뿐만 아니라
거의 모든 것들의 물가가 뛰었습니다.

광범위한 물가 급등세가 2년째 계속되고 있습니다. 그게 우리가 지금 겪고 있는 심각한 인플레이션의 메커니즘입니다.

그렇다면 이 문제를 어떻게 풀어야 할까요?

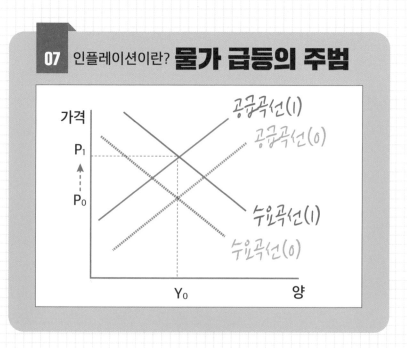

07 인플레이션이란? **물가 급등의 주범**

나쁜 인플레이션을 어떻게 잡을 것인가?

▶ 공급을 늘리는 방법

'광범위한 품목'의 생산 증가를 촉진	▶	일손이 부족해서 불가능

▶ 수요를 줄이는 방법

금리를 대폭 인상	▶	이자 비용 증가, 소비할 예산 감소
	▶	저축 유인 확대, 소비할 예산 감소
	▶	생산/고용 위축, 소비 성향 감소(저축 성향 증가)

Catching Inflation
if you can

_ 이미지는 영화 <캐치 미 이프 유 캔> 중에서

인플레이션을 해결하는 것은 말로는 어렵지 않습니다.

수요가 늘고 공급은 줄어서 생긴 문제니까, 그 반대로 유도하면 해결됩니다.

먼저 공급을 늘리는 방법이 있겠지요. 광범위한 품목에서

물가가 오르고 있으니까, 그 광범위한 품목의 생산을 확대하도록

정책적으로 지원하면 되겠습니다. 그런데 심각한 문제가 있습니다.

생산을 늘리려면 설비를 늘려야겠지요. 시간이 많이 걸립니다.

무엇보다도 본질적인 문제는 노동력입니다.

지금 전 세계적으로 일손이 모자랍니다. 생산을 늘리고 싶어도 사람을

구하기가 어렵습니다. 특히 미국에서 그렇습니다. 완전고용 수준을 넘어서는

아주 극도로 타이트한 노동시장 상황이라 공급을 많이 늘리는 것은

사실상 불가능합니다. 그래서 수요를 줄이는 수밖에 없습니다.

금리를 대폭 인상하는 게 가장 대표적인 정책 대응입니다.

그렇게 하면 사람들이 부담해야 하는 이자 비용이 증가합니다.

다른 데 쓸 돈이 줄어듭니다. 수요, 소비가 감소합니다. 이자를 많이 주면

저축이 늘어납니다. 요즘 은행 예금, 적금 이자 많이 올랐지요.

그렇게 저축이 증가하면 수요, 소비는 줄어듭니다. 이렇게 수요가 감소하면

장사가 잘 안 됩니다. 고용을 줄여야 합니다. 여유 노동력이 생깁니다.

주변에서 일자리를 잃는 사람들을 보면 어떤 생각이 들겠습니까?

'나중에 나도 어떻게 될 지 모르겠다' 싶어서 걱정이 됩니다.

그래서 저축을 더 늘립니다. 돈 씀씀이가 더 조심스러워집니다.

수요, 소비는 더욱 줄어듭니다.

이게 지금 전 세계적으로 서서히 나타나고 있는 현상입니다.

그럼 금리 좀 올려서 수요를 좀 줄이면 되겠네요. 그런데 뭐가 문제지요?

자, 그럼 미국의 소비를 한 번 보겠습니다.

아래 그래프는 미국의 월별 '명목' 소매판매액을

나타낸 것입니다. 금융위기 이후 팬데믹 직전까지

미국의 **명목** 소매판매는 안정적인 추세로,

우상향하면서 늘었습니다. 그런데,

팬데믹이 딱 터지고 나서는
불쑥 튀어 올랐습니다. 대단하지요.

이게 소매점 한 곳의 매출액이라고 봐도 무방합니다.

팬데믹 이전에 비해서 매출액이 엄청나게 늘었습니다.

대박입니다!

08 미국 월별 '명목' 소매판매액

팬데믹 직후 미국의
명목 소비 급증

금융위기 이후 팬데믹
직전까지 명목 소매판매
가 안정적으로 증가

| 2005~2009 | 2010~2014 | 2015~2019 | 2020~2022 |

■ 미국의 경기침체 기간

그런데 '명목'이라고 하니까 말이 좀 어렵습니다.

그래서 이 용어부터 쉽게 설명해보도록 하겠습니다.

'명목'과 '실질' 이 두 개념은 경제에서 굉장히 중요합니다.

말이 어려워보여도 사실은 별 것 아닙니다.

주유소에서 휘발유를 넣는 걸 가정해 보겠습니다.

1년 전에는 휘발유 50리터를 주유하는데 6만원이 들었습니다.

1리터에 1200원 했다고 가정해보겠습니다.

그런데 지금, 1년 뒤에는 리터 당 1800원이 됐습니다.

똑같이 50리터를 주유하는데도 돈은 9만원이나 듭니다.

이 때 물가상승률은 50%입니다.

1년 사이에 리터 당 600원 올랐으니까 그렇게 계산이 나오지요.

주유소 입장에서는 매출액이 50% 늘었습니다. 6만원 받았던 게

9만원 됐으니까요. 그런데 판매량은 50리터로 똑같습니다.

양은 전혀 변화가 없었습니다.

이 때 이 매출액 증가율 50%는 명목성장률입니다.

명목이란 것은, 이렇게 물가의 영향을 받습니다.

그리고 판매량 증가율 0%, 이것은 실질성장률입니다.

실질이란 것은, 양을 뜻한다고 이해하면 쉽습니다.

주유를 한 운전자 입장에서도 똑같습니다.

명목 주유비용이 50% 늘었는데, 실질 주유량은 그대로입니다.

팬데믹 이후 급증한 미국 소매판매액에도
인플레이션 효과가 들어있습니다.
명목 지표는 물가 영향을 받는다고 했지요.

팬데믹 이후 물가가 많이 오르는 바람에 매출액이 껑충 뛰었지만,
앞의 주유소처럼 판매량은 제자리일 수도 있습니다.

판매량이 많이 늘었는지 줄었는지는
'명목'을 나타낸 숫자만으로 알 수가 없습니다.
그래서 우리는 '실질' 지표를 따로 살펴봐야 합니다.

아래 그래프는 미국의 '실질' 소매판매액입니다.

소매점에서 팔린 물건의 양이라고 보면 이해가 쉽습니다.

안정적으로 우상향하는 빨간 점선은

팬데믹 이전의 추세선입니다. 그런데

미국의 소매판매는 실질기준으로도 이렇게 과거 추세 위로 불쑥 솟아올라 있습니다.

역시 대단합니다. 판매량 또한 급증했습니다.

팬데믹 이후 미국 전역 수많은 소매점들의 상황이

이렇게 달라졌습니다.

09 미국 월별 '실질' 소매판매액

판매량 급증하면서
노동력 부족 심화

2.3
2.2
2.1
2.0
1.9
1.8
1.7
1.6
1.5

2005~2009   2010~2014   2015~2019   2020~2022

■ 미국의 경기침체 기간

여러분이 소매점의 주인이라면 지금 어떻겠습니까?

좋긴 좋은데, 너무 바쁩니다. 일손이 크게 부족합니다.

손님들이 줄을 서 있는데, 제 때 주문을 처리하질 못합니다.

기다리다 그냥 가버리는 손님이 많습니다.

아주 낭패입니다.

한시라도 빨리 직원을 늘려야 합니다.

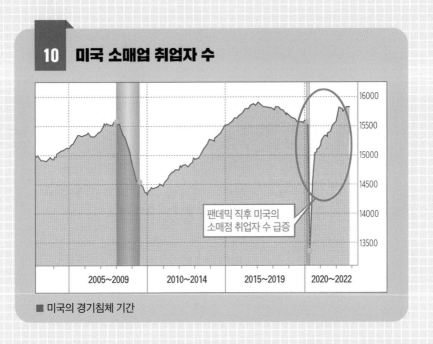

10 미국 소매업 취업자 수

팬데믹 직후 미국의
소매점 취업자 수 급증

2005~2009　2010~2014　2015~2019　2020~2022

■ 미국의 경기침체 기간

물가가 대폭 올랐는데 판매량도 크게 늘었습니다.
명목 매출액이 이중으로 힘을 받아 부풀어 올랐습니다.
아주 적극적으로 직원을 뽑아야 합니다.

그래서 미국의 소매점 취업자 수는
이렇게 빠르게 늘었습니다.

팬데믹 직전과 견주어 봐도 제법 더 많아졌습니다.

미국 명목 소매판매액을

소매업 취업자 수로 나눠봤습니다.

그러면 '소매점 직원 1인당 명목 소매판매 실적'이 되겠지요.

아래 그래프에서 나타나듯이 미국의 1인당 소매판매액은

여전히 팬데믹 이전에 비해서 엄청 늘어나 있습니다.

물론 인플레이션 효과가 포함돼 있습니다.

하지만 소매점 주인 입장에서는

종업원 1인당 매출이 대폭 증가

한 것은 분명한 사실입니다.

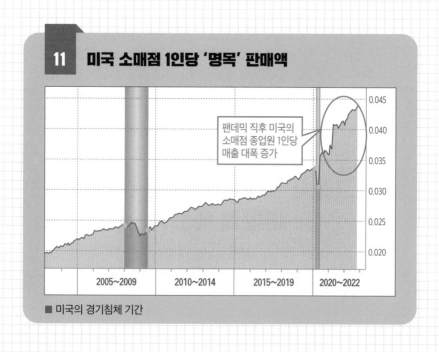

11 **미국 소매점 1인당 '명목' 판매액**

팬데믹 직후 미국의
소매점 종업원 1인당
매출 대폭 증가

0.045
0.040
0.035
0.030
0.025
0.020

2005~2009   2010~2014   2015~2019   2020~2022

■ 미국의 경기침체 기간

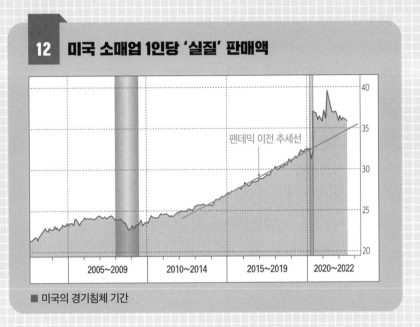

12 미국 소매업 1인당 '실질' 판매액

팬데믹 이전 추세선

| | 2005~2009 | 2010~2014 | 2015~2019 | 2020~2022 |

40
35
30
25
20

■ 미국의 경기침체 기간

명목 말고, 물가 상승 효과를 제거한
실질기준으로 한 번 보겠습니다.
소매업 1인당 판매량에 해당하는 그래프가 바로 이것입니다.
역시 빨간색으로 그은 팬데믹 이전 추세선 보다 많습니다.

직원 수를 많이 늘렸는데도 여전히
일손이 너무 바쁜 겁니다.
사람을 더 뽑아야 합니다.

그런데, 문제가 있습니다.

아래 그래프는 미국의 실업률입니다.

일 하겠다고, 돈 벌겠다고 나와 있는 사람들 중에서

아직 일자리를 잡지 못한
실업자 비중이 반세기 만에
가장 낮은 수준입니다.

여유 노동력이 아주 태부족이란 얘기입니다.

내가 소매점 주인이라면 어떻게 해야할까요?

웃돈을 불러서라도 스카우트를 해야 합니다.

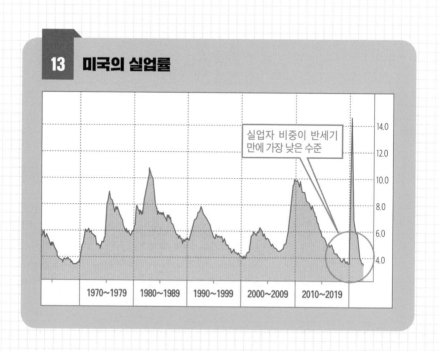

13 미국의 실업률

실업자 비중이 반세기
만에 가장 낮은 수준

14.0
12.0
10.0
8.0
6.0
4.0

1970~1979 1980~1989 1990~1999 2000~2009 2010~2019

14 미국 '임금 증가세 트래커' (애틀랜타 연준)

> 1990년대 자료 축적 이후 가장 높은 임금 인플레이션 발생

| 1997~1999 | 2000~2004 | 2005~2009 | 2010~2014 | 2015~2019 | 2020~2022 |

■ 미국의 경기침체 기간

노동력을 놓고 고용주들이 서로 데려가겠다고
경쟁을 하면 어떻게 되겠습니까?

임금이 올라갑니다.

애틀랜타 연준이 추정한 미국 기저의 임금상승률은
연간 6%를 넘는 속도로 뛰고 있습니다.
1990년대부터 자료를 축적한 이후로

가장 높은 임금 인플레이션입니다.

팬데믹 이전에 비해 두 배 빠른 속도입니다.

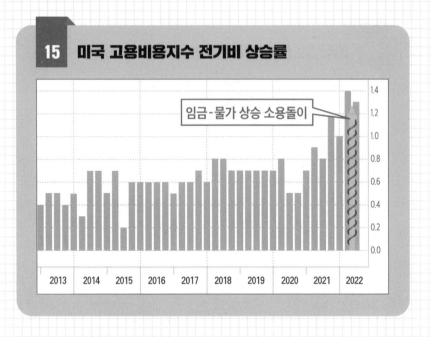

15 미국 고용비용지수 전기비 상승률

임금-물가 상승 소용돌이

미국 노동부가 별도로 집계하는 고용비용 역시
팬데믹 이전에 비해 두 배 빠른 속도로 뛰고 있습니다.
이것이 이른바 '임금-물가 상승 소용돌이'를 만들고 있습니다.

임금-물가 상승 소용돌이(wage-price spiral)

• 물가가 올랐지만 소비자 수요는 여전히 강력

→ '임금이 더 오를 것'이란 기대로 높은 물가를 수용

• 임금이 올랐지만 노동에 대한 수요는 여전히 강력

→ '판매가격을 더 인상할 수 있을 것'이란 기대로 높은 임금을 수용

• '고임금 →고물가 →고임금' 악순환

앞서 수요곡선을 설명하면서,
가격이 오르면 수요가
감소한다고 언급했습니다.
그런데 이 당연한 이치가
요즘 같은 때에는 잘 작동하지 않습니다.
물가가 비싸도 소비자들은 그냥 삽니다.
노동에 대한 수요가 워낙 강하니까,
그래서 앞으로 임금이 더 오를 거니까,
돈을 좀 헤프게 써도 문제가 없다고 보는 거지요.

고용주들은 고용주들대로 계획이 있습니다.
임금이 많이 올랐는데도 계속해서 사람을 뽑습니다.
인건비가 늘겠지만 판매가격을 인상하면
문제가 없다고 보는 거지요.

그래서 이렇게
'고임금 → 고물가 → 고임금'
악순환 고리가 형성되는 겁니다. 그게 바로
'임금-물가 상승 소용돌이'입니다.
지금 미국 경제의 상황입니다.

아래 그래프는 미국 기업들의 구인 규모입니다.

비어 있는 일자리 수를 나타내지요.

해결되지 않고 있는 미국 고용주들의 노동력 수요입니다.

최근에 약간 꺾이긴 했지만,

팬데믹 이전에 비해 여전히 엄청나게 많습니다.

장사가 워낙
잘 되기 때문에 그렇습니다.

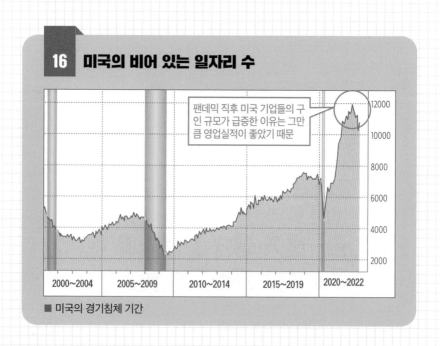

16 미국의 비어 있는 일자리 수

팬데믹 직후 미국 기업들의 구인 규모가 급증한 이유는 그만큼 영업실적이 좋았기 때문

2000~2004 2005~2009 2010~2014 2015~2019 2020~2022

■ 미국의 경기침체 기간

17 미국의 실업자 수

	20000
	15000
	10000
	5000

2000~2004   2005~2009   2010~2014   2015~2019   2020~2022

■ 미국의 경기침체 기간

팬데믹 쇼크 극복 이후 미국의 노동시장

실업자 급감 ➡ 일자리 풍부 ➡ 가용 노동력 바닥

위 그래프는 미국의 실업자 수입니다.

당장 가용한 노동력이 이렇게 바닥을 드러내고 있습니다.

실업자가 거의 없는데도
일자리는 넘친다

는 거지요.

아래 그래프는 미국의 구인 배율입니다.

비어 있는 일자리 수를 실업자 수(=구인규모/실업자)로

나눈 값입니다. 실업자 1인당 2개에 가까운 빈 일자리가 있습니다.

단순한 산수로 보면, 일자리를 골라잡아서 갈 수 있다는 뜻입니다.

다시 말해 노동력 1명을 두고 고용주들이

거의 2대1의 경쟁을 하고 있다는 얘기입니다.

역대 전례가 없는 노동력 부족 상황입니다. 노동력 수요가 너무 강하기 때문이지요. 그런데 노동력의 공급에도 큰 문제가 있습니다.

18 미국 실업자 1인당 빈 일자리 수

노동력 1명을 두고 고용주들이 거의 2대1의 경쟁을 하는 상황

2000~2004　　2005~2009　　2010~2014　　2015~2019　　2020~2022

■ 미국의 경기침체 기간

아래 그래프는 미국 경제가 생산활동에 투입할 수 있는

노동력입니다. '경제활동참가인구'라고 표현합니다.

팬데믹 이전의 우상향 증가 추세가 뚝 끊겼습니다.

기존 추세에 비해 노동력이 훨씬 적습니다.

팬데믹 쇼크 때 대폭 감소했다가 그 뒤에

아주 더디게 회복하는 중입니다.

베이비붐 세대들이 팬데믹을 계기로 미뤘던 은퇴를 결심한 게 가장 큰 이유

로 꼽힙니다. 그리고 또 이러저러한 이유로 젊은 사람들도

일을 하지 않으려는 경향이 높아졌습니다.

그래서 미국의 일손 부족이 장기화하고 있습니다.

19 **미국의 가용 노동력(경제활동참가인구)**

미국 경제가 생산활동에 투입할 수 있는 노동력의 우상향 증가 추세가 팬데믹을 전후로 끊김

0.165M
0.160M
0.155M
0.150M
0.145M
0.140M
0.135M
0.130M
0.125M

1995~1999 2000~2004 2005~2009 2010~2014 2015~2019 2020~2022

■ 미국의 경기침체 기간

그런데 이런 와중에도 장사는 엄청나게 잘 되고 있습니다.
팬데믹 이전의 추세, 파란색 점선보다 판매량이 훨씬 높은 수준으로
늘어나 있습니다. 일손이 이중으로 부족하게 됐습니다.
줄어든 노동력 공급을 감안하면 이 판매량은
어떻게 바뀌어야 할까요? 파란색 추세선 밑으로
판매량이, 소비가 떨어져야 하겠습니다.

'리세션', 즉
'경기침체'가 필요하다는 의미입니다!

20 미국 월별 '실질' 소매판매액

노동력 부족을 해결하기 위
해서는 팬데믹 이후 급증한
판매량(소비)을 팬데믹 이전
수준으로 끌어내려야 함

0.60M
0.55M
0.50M
0.45M
0.40M
0.35M
0.30M

2002
~2004   2005~2009   2010~2014   2015~2019   2020~2022

■ 미국의 경기침체 기간

'경기침체'의 길은,
'경기회복'의 길로
가기 위한 통과의례!

이상한 리세션?
필요한 리세션!

리세션(=경기침체)

▶ 생산과 고용, 소비와 투자가 지속적으로 광범위하게 감소하는 현상

▶ 실질 국내총생산(GDP)이 2개 분기 연속 감소하는 현상

경기침체와 리세션(recession)은 같은 말입니다.

통상적으로는 생산과 고용, 소비와 투자가 지속적으로,

광범위하게 감소하는 현상을 뜻합니다. 생산이 줄면 고용도 줄겠지요.

투자도 꺼릴 겁니다. 고용이 감소하면 소비가 위축됩니다.

소비와 투자가 그렇게 위축되면 생산과 고용이 더 줄어듭니다.

악순환입니다. 이게 전통적인 리세션입니다.

그런데 '언제부터 언제까지가 리세션이다.'

이렇게 공식적으로 판정하기까지는 시간이 많이 걸립니다.

그래서 좀 약식으로 판단하는 기준이 생겼습니다.

실질 국내총생산(real GDP)이 2개 분기 연속해서 감소하면

'기술적으로 리세션에 빠졌다'라고 보자고 한 것입니다. 전분기 대비

성장률이 2개 분기 연속해서 마이너스면 리세션이라는 것이지요.

아래는 미국 실질 GDP 전분기 대비 증가율입니다. 빨간 띠로 영역을 표시한 게 공식적으로 판정된 미국의 리세션, 경기침체 기간입니다.

생산이 실제로 줄어든 게 보이지요. 첫 번째 빨간 띠 영역이 금융위기 때입니다. 두 번째 가늘게 된 빨간 영역은 팬데믹입니다. 역사상 가장 짧은 리세션 기간입니다. 하지만 생산은 기록적인 감소세를 보였습니다.

맨 오른쪽 동그라미를 한 번 보겠습니다. 2022년 1분기와 2분기, 3분기입니다. 2022년 1,2분기 때도 작은 폭이긴 하지만 생산이 연속해서 줄었습니다. 약식으로 따지면 이것도 리세션에 해당합니다. 그런데 이건 좀 이상합니다. 미국의 수요가 너무 강하다, 과열이라고 했지 않습니까?

그럼에도 리세션이라니, 앞뒤가 맞지 않는다는 생각이 들 것입니다.

맞습니다. 아주 **이상한 리세션**입니다.

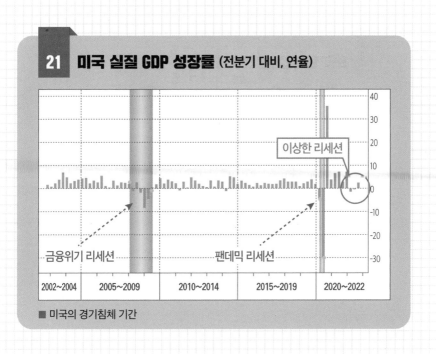

21 미국 실질 GDP 성장률 (전분기 대비, 연율)

이상한 리세션

금융위기 리세션

팬데믹 리세션

2002~2004 2005~2009 2010~2014 2015~2019 2020~2022

■ 미국의 경기침체 기간

아래 그래프는 미국의 실질 GDP입니다.

미국 내에서 생산한 물건과 서비스의 양입니다.

동그라미를 보면, 잠시 아래로 꺾였던 게 육안으로 확인됩니다.

2개 분기 연속해서 줄었으니까 약식으로,

기술적으로는 리세션입니다.

그런데 GDP의 절대 수위는 여전히 파란색 점선,

팬데믹 이전 추세선에 비해 결코 낮지 않습니다.

과거 추세에 비해서 너무 많이 생산하다가

정상적인 수준을 향해서 낮아졌던 것이지요.

그게 2022년 상반기의 **기술적 리세션**입니다.

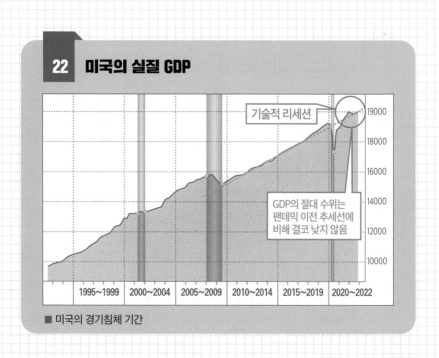

22 **미국의 실질 GDP**

기술적 리세션

GDP의 절대 수위는
팬데믹 이전 추세선에
비해 결코 낮지 않음

19000

18000

16000

14000

12000

10000

1995~1999 | 2000~2004 | 2005~2009 | 2010~2014 | 2015~2019 | 2020~2022

■ 미국의 경기침체 기간

자동차 운행에 비유하면 이렇습니다.
제한속도가 시속 100킬로미터인데,
120킬로로 달리다가 115킬로, 110킬로로
속도를 낮췄던 겁니다.
그러나 미국 경제는 2022년 3분기 들어
다시 115킬로미터로 속도를 올렸습니다.
플러스 성장률로 돌아섰습니다.
제한속도에서 다시 더 멀어졌습니다.
그럼 그 제한속도라는 건
어떻게 정할까요?

미국 경제가 2022년 3분기에 다시 115킬로미터로 속도를 올리며 플러스 성장률로 돌아서자 제한속도에서 다시 더 멀어짐

미국
경제성장률
제한속도
100

아래 그래프의 빨간색 선은, 미국의 실제* GDP,

미국 경제가 실제로 생산한 양입니다.

그리고 파란색 선은 미국의 잠재 GDP,

무리 없이 생산할 수 있는
최대 양, 즉 잠재능력입니다.

이것은 경제학자들이 어떤 모델을 활용해서 추정하는 값입니다.

추정 방식에 따라서 좀 다릅니다. 정확성을 확신할 수는 없고

수시로 높여지거나 낮춰지기도 합니다.

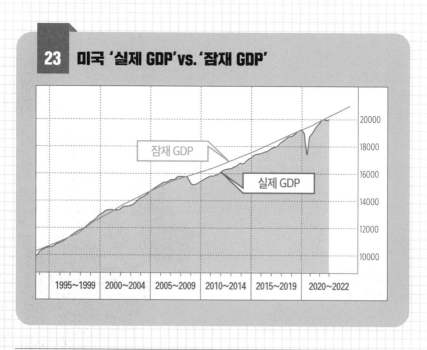

23 미국 '실제 GDP' vs. '잠재 GDP'

잠재 GDP

실제 GDP

| 20000 |
| 18000 |
| 16000 |
| 14000 |
| 12000 |
| 10000 |

1995~1999 2000~2004 2005~2009 2010~2014 2015~2019 2020~2022

* 여기서 '실질'과 '실제'의 개념을 혼동하지 말아야 한다. '실질'은 '명목'과 대응하고, '실제'는 '잠재'
와 대응한다. '잠재'와 '실제' 모두 '실질(real)' 기준이다. 엄밀히 표현하면, '잠재 실질 GDP가 얼마인
데 실제 실질 GDP는 그보다 높은 얼마다'가 된다. '실제 GDP'를 영어로 표현하면 'actual GDP'이다.
즉, '잠재능력은 얼마인데 실제로(actually) 구현한 성과는 얼마다'라는 식으로 이해하면 된다.

어쨌든 파란색 선, 잠재 GDP가
경제에서는 일종의 제한속도입니다.
여러분들의 제한속도는 얼마입니까?
일주일에 5일, 하루에 대략 8시간 일하는 거지요.
물론 휴일 없이 하루에 10시간, 12시간씩
일할 수도 있습니다.
그러나 1년 내내, 몇 년 동안
계속 그렇게 하기는 어렵지요.
몸살이 나거나 정신적으로 피폐해집니다.
경제도 그렇습니다. 그게 바로 '잠재 GDP', 제한속도입니다.

'잠재 GDP'라는 것은 경제가 무리 없이 생산할 수 있는 최대치를 뜻합니다.

노동력의 양과 생산성에 의해서 이 잠재능력이 결정됩니다.

실제 생산이 이 잠재능력을 초과하면 과부하가 걸립니다.

임금이 뛰고 인플레이션 압력이 발생합니다.

실제 생산이 이 제한속도보다 적으면 가동되지 않는 노동력이 생깁니다.

실업이지요. 실업이 많으면 어떻게 되겠습니까?

물가상승률이 너무 낮아지는 압력을 받게 됩니다.

다시 오른쪽 미국 '실제 GDP'와 '잠재 GDP' 그래프를 보겠습니다.

앞서 잠재 GDP는 노동력과 생산성에 의해서 결정된다고 말했습니다.

그리고 미국의 노동력이 팬데믹 이후 대폭 줄었다는 얘기도 했습니다.

그래서 최근에 미국 연방준비제도의 경제학자들은

미국의 잠재 GDP가 당초 추정했던 것보다

훨씬 낮아졌다고 판단을 수정했습니다.

잠재 GDP란?

- 경제가 무리 없이 지속적으로 생산할 수 있는 최대치
  → 노동력과 생산성에 의해 결정

- 실제 GDP > 잠재 GDP
  → 인플레이션 압력 발생

- 실제 GDP < 잠재 GDP
  → 디스-인플레이션 압력 발생

즉, 그래프의 파란색 선이 아래로 쑥 내려갔다는 겁니다.

시속 100킬로미터이던 제한속도가 80킬로로 낮아진 셈입니다.

그렇다면 120킬로로 달리던 차는 속도를 얼마나 줄여야 할까요?

'20'만큼만 줄이면 되는 줄 알았는데, 알고 보니 '40'을 줄여야

겨우 균형을 맞춘다는 계산이 나옵니다.

실제 GDP가 그냥 좀 감소하는 게 아니라 대폭으로 수축하는 현상,

굉장히 심각한 수준의 경기침체가
불가피하다는 얘기입니다.
그래야 비로소 인플레이션이 잡힌다
는 것입니다.

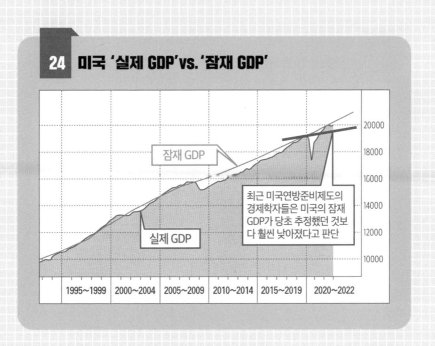

24 미국 '실제 GDP' vs. '잠재 GDP'

잠재 GDP

실제 GDP

최근 미국연방준비제도의
경제학자들은 미국의 잠재
GDP가 당초 추정했던 것보
다 훨씬 낮아졌다고 판단

20000
18000
16000
14000
12000
10000

1995~1999 | 2000~2004 | 2005~2009 | 2010~2014 | 2015~2019 | 2020~2022

아래 그래프는 팬데믹 이후 미국 경제가 걸어온 길을 나타냅니다.

[1] 그래프의 맨 아래에 있는 노란색 선은 미국에서 동원 가능한 노동력, 경제활동참가인구 수입니다. 잠재 GDP, 미국 경제가 무리 없이 생산해낼 수 있는 최대한도라고 간주해도 되겠습니다.

[2] 그 바로 위에 있는 파란색 선은 실제로 사용한 노동력, 생산에 투입된 노동력의 수입니다. 가용능력보다 더 빠르게 늘었다는 사실이 눈에 들어옵니다.

[3] 그 다음의 주황색 선은 실제로 생산한 양, 실질 GDP입니다. 실제로 생산하고 있는 양이 잠재 GDP, 노란색 선보다 훨씬 많이 늘었지요. 잠재적 능력에 비해서 너무 많이 생산하고 있는 겁니다. 과부하가 계속되면서 임금이 뛰고 인플레이션 압력이 발생합니다.

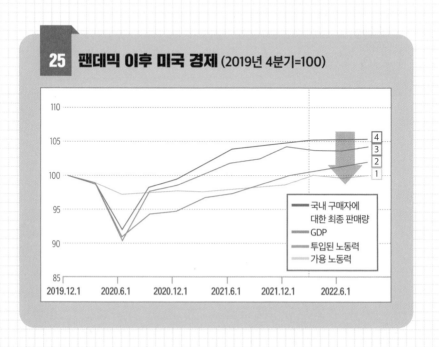

25 팬데믹 이후 미국 경제 (2019년 4분기=100)

범례:
- 국내 구매자에 대한 최종 판매량
- GDP
- 투입된 노동력
- 가용 노동력

[4] 맨 위의 빨간색 선은 미국 국내 구매자에게 판매한 양입니다.
국내 구매자가 구입한 양이기도 하지요. 수입품일 수도 있고
미국 안에서 생산한 것일 수도 있습니다. 어쨌든 이것은
미국 국내의 수요, 내수라고 보면 되겠습니다.

미국의 내수는 지금 실제로 생산하는 것보다 더 많습니다.
이 역시 인플레이션과 무역적자를 확대하는 요인입니다.

잠재능력보다 생산을 더 많이 하고, 생산한 것보다 더 많이 소비하는 게 요즘 미국 경제의 문제입니다.

이 문제를 풀려면 어떻게 해야 할까요?

빨간색 선, 내수를 잠재 GDP 수준으로 대폭 내려야 합니다. 상당한 수준의 침체가 불가피하다는 의미입니다.

그런데 한 가지 의문이 떠오릅니다. 내수를 줄이고 GDP도 줄여서,
생산량을 잠재 GDP 수준으로 다 낮춘다는 것인데,
생산이 그렇게 감소하면 공급도 줄어드는 것 아닐까요?
공급이 줄어드는데 물가가 어떻게 떨어지느냐, 이런 의문이 생깁니다.
그 해답이 바로 왼쪽 그래프 안에 있습니다.

[4] 빨간색 선, 수요가 [3] 주황색 선, 공급보다 더 많이 줄어드는 겁니다.

GDP, 생산이 줄어들면 그만큼 고용도 줄고 소득도 감소합니다.

그런데 경기가 그렇게 침체에 빠지면 소비는 소득보다

더 큰 폭으로 감소하게 됩니다. 경제 분위기가 심상치 않으니까

사람들이 씀씀이를 일단 줄이고 보는 것이지요. 이는 곧

소비성향의 하락, 저축률의 증가 로 나타납니다.

저축률이란, 벌어들인 소득 중에서 얼마를 남겨 저축했는지 그 비율을

뜻합니다. 저축률이 낮다는 건 소비성향이 높다는 것을 뜻합니다.

반대로 저축률이 높아졌다는 건 소비를 삼가는 분위기가

됐다는 의미입니다.

저축률이란?

- 벌어들인 소득 중에서 얼마를 남겨 저축했는지를 가늠하는 비율

$$저축률 = \frac{저축액}{처분가능소득}$$

- 저축률 증가=소비성향 감소
- 저축률 감소=소비성향 증가

$$소비성향 = \frac{소비지출액}{처분가능소득}$$

아래 그래프에서 보듯이 리세션 때에는 저축률이 껑충 뛰게 됩니다.
그래서 생산량, 공급보다 수요가 더 많이 줄고 물가 상승세가
꺾이는 겁니다. 그런데 지금 미국의 저축률을 한 번 보겠습니다.
역대급으로 낮습니다. 금융위기 직전, 부동산 거품기 때만큼
낮은 수준으로 떨어져 있습니다. 일자리가 워낙 풍부하고
임금이 많이 오르니까 사람들이 뒷날 걱정 없이 돈을 편하게 많이
쓰는 것이지요. 그런데 이 저축률이 팬데믹 이전 수준으로
되돌아가면 소비는 어떻게 되겠습니까?
대대적으로 감소하게 될 겁니다.

제법 심각한 경기침체를 예상하는 근거입니다.

26 미국의 개인 저축률

미국의 저축률이 금융위기 직전, 부동산 거품기 때 만큼 낮은 수준

1995~1999 2000~2004 2005~2009 2010~2014 2015~2019 2020~2022

■ 미국의 경기침체 기간

LESSON
2

무엇이 부러질 것인가? : 고조되는 금융위기의 위험

경기 사이클의
살해자

제1강에서는 왜 미국 경제가 리세션(경기침체), 그것도 좀 심각한 침체에
빠질 가능성이 높아 보이는 지, 그 이유를 한 번 짚어봤습니다. 그 이유는,
'지금 미국 경제가 심각한 수준으로
과열되었기 때문이다!' 그런 설명이었지요.
제2강에서는 경기침체와는 별개로 우려되는
금융위기의 위험성에 관해서 살펴보겠습니다.
경기침체 위험과 금융위기 위험 모두
중앙은행, 즉 미국 연방준비제도가 금리를 급하게
많이 올리기 때문에 발생하는 것입니다.
그렇다면 금리를 왜 그렇게 공격적으로 인상할까요?
인플레이션이 역대급으로 심각한데, 중앙은행의 긴축은
한참 뒤늦게 시작됐기 때문입니다.
'높은 인플레이션이 뿌리를 내리는 걸 막기 위해 단기적으로는
좀 고통스럽더라도 급히 수술하고 치료를 해야 한다!'
그러한 상황인 것입니다.
그렇다면 금융위기의 위험은 그 과정에서 어떻게 커지는지를
2강에서 자세히 살펴보겠습니다.

먼저 아래 그래프를 살펴보겠습니다. 지난 1972년부터 50년 동안입니다.

빨간색 선은 미국 연준의 정책금리, '연방기금금리 목표'입니다.

빨간색 띠 영역으로 표시한 구간은 미국의 경기침체 기간입니다.

그런데 둘 사이에는 어떤 반복되는 패턴이 있습니다.

금리를 계속해서 인상했더니
결국 경기침체가 발생하더라는 겁니다.

현대 미국의 모든 경기침체는 이렇게 연준이 금리를

계속 인상한 끝에 발생했습니다. 그래서 이런 말이 생겼습니다.

"경기 사이클은 늙어서 죽지 않는다.
다만 살해될 뿐이다."

누구에 의해서 살해될까요? 연준에 의해서입니다.

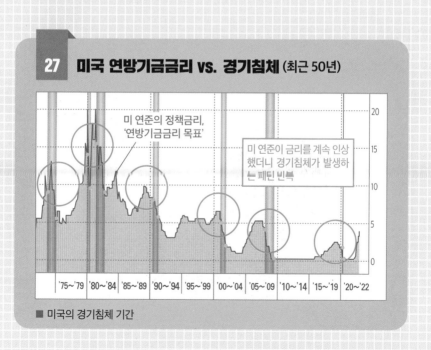

27 **미국 연방기금금리 vs. 경기침체** (최근 50년)

미 연준의 정책금리,
'연방기금금리 목표'

미 연준이 금리를 계속 인상
했더니 경기침체가 발생하
는 패턴 반복

■ 미국의 경기침체 기간

INFLATION FIGHTER

지난 2020년 팬데믹 침체 직전에도 미국의 금리인상 행진이 있었습니다.
하지만 팬데믹 리세션이 긴축 때문에 온 건 아니었습니다.
말 그대로 팬데믹 셧다운 때문에 경제가 침체에 빠졌던 것인데,
그건 좀 예외였다고 할 수 있습니다. 그래서 그 사례는
논외로 해 두고 이야기를 풀어가 보겠습니다.
잊을 만하면 발생했던 미국의 리세션은 대개
인플레이션 때문이었습니다. 물가가 너무 오르지 않도록
연준이 금리인상으로 긴축의 고삐를 계속 조였더니
경제가 결국 침체에 빠지더라는 겁니다.

'침체를 감수하면서 연준이
인플레이션 파이팅에 나섰다!'

이렇게도 볼 수 있겠습니다.

_ 이미지는 영화 〈록키〉 포스터

아래 그래프는 지난 1992년부터 30년 동안을 확대해서 나타낸 것입니다.
지난 2000년대 초에 발생했던 미국의 리세션, 그리고 지난 2000년대
후반에 있었던 경기침체 사례는 좀 다른 특징이 있었습니다.
연준이 금리를 계속해서 인상한 끝에 침체가 발생하는 패턴은
예외 없이 반복됐습니다. 그런데 당시 금리인상과 경기침체 사이에
다른 이벤트가 끼어 있었습니다. 자산시장의 붕괴입니다.

금리인상이 자산시장 거품을 붕괴시키고, 그 거품붕괴의 충격이 실물경제를 강타해서 리세션을 불러왔다는 것이지요.

즉, 팬데믹 리세션 이전에 미국 경제가 겪었던 두 번의 침체는 모두
자산시장 거품붕괴로 인해 촉발됐다는 특징을 공통점으로 갖고 있습니다.

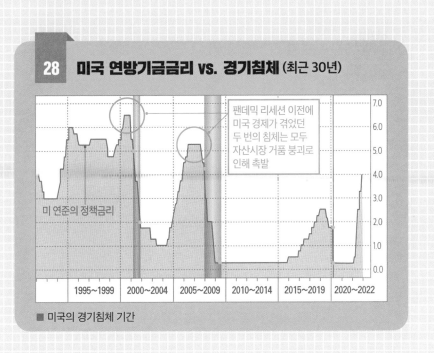

28 **미국 연방기금금리 vs. 경기침체** (최근 30년)

팬데믹 리세션 이전에
미국 경제가 겪었던
두 번의 침체는 모두
자산시장 거품 붕괴로
인해 촉발

미 연준의 정책금리

1995~1999 2000~2004 2005~2009 2010~2014 2015~2019 2020~2022

■ 미국의 경기침체 기간

자, 그럼 지난 2001년에 발생했던 리세션을 한 번 보겠습니다.

당시는 주식시장의 닷컴버블 붕괴가 실물경제의 침체로 이어졌습니다.

그래프의 녹색 선은 뉴욕증시 나스닥지수입니다. 정점에 이르기 전,
막바지 1년 사이에 두 배 이상으로 주가가 뛰었습니다.

5년 전에 비해서는 주가가 다섯 배가 되었습니다. 1999년 들어서
거품이 걷잡을 수 없이 부풀어 오르자 연준이 가파른 속도로 금리를
인상하면서 브레이크를 걸었습니다. 하지만 한동안 주가는 파죽지세로
계속 더 올라갔지요. 그래서 연준의 긴축 수위는 더욱 고조됐습니다.
2000년 들어서 결국 증시가 무너져 내리기 시작했습니다.

그럼에도 불구하고 연준의 금리인상은 좀 더 계속됐습니다.

그래서인지, 증시는 더 가파른 속도로 붕괴됐습니다.

하지만 연준은 한동안, 높은 금리를 그대로 유지했습니다.

29 미국 연방기금금리 vs. 나스닥지수 (1992~2002년)

미 연준의 정책금리(우)

나스닥지수(좌)

금리인상 → 주가 급락 → 닷컴버블 붕괴 → 경기침체

■ 미국의 경기침체 기간

30 **나스닥지수 vs. 미국의 실업률** (1992~2002년)

노동시장 호황이 닷컴버블 붕괴와 동시에 마감하며 실업률 증가

미국의 실업률(우)
나스닥지수(좌)

■ 미국의 경기침체 기간

당시의 미국 실물경제는 어떻게 반응했는지 보겠습니다. 2000년 초에
주가가 정점을 찍고 무너져 내리기 시작했을 때, 정확히 바로 그 시점에
빨간색 선, 미국의 실업률은 바닥을 찍고 반등하기 시작합니다.
노동시장의 호황이 닷컴버블 붕괴와 동시에 끝나 버렸던 것이지요.
당시 호황기 때 실업률은 3.8%까지 떨어졌는데, 31년 만에 가장 낮은
기록이었습니다. 그렇게 역대급으로 줄었던 실업이 2년 뒤에는
6% 가까이로 솟아올랐습니다. 그래도 당시의 경기침체는
큰 후유증을 남기지 않고 마무리됐습니다. 그 뒤에 닥칠 리세션에 비하면
2000년대 초의 침체는 그나마 좀 완만했다고 할 수 있습니다.

현대 미국 리세션의 역사를 보면, 경기가 침체에 빠지기 직전에는
항상 연준의 금리인하가 있었습니다. 경제가 나빠지니까 중앙은행이
다시 완화정책에 나서지만 리세션을 막기에는 역부족이었단 얘기입니다.
어쨌든 2000년대 초에도 연준은 금리인하로 선회하면서 경기를
떠받치려 했습니다. 그럼에도 불구하고 미국 경제는 침체에 빠졌습니다.
그래서 연준은 더 공격적으로 금리를 내렸고,
급기야는 1.0%까지 낮췄습니다.
6.5%나 되던 금리가 2년여 사이에 1%가 돼 버린 것입니다.

금리를 공격적으로 인하하는 동안,
그래프의 노란색 선, 미국 주택가격은
빠른 속도로 솟아올랐습니다.

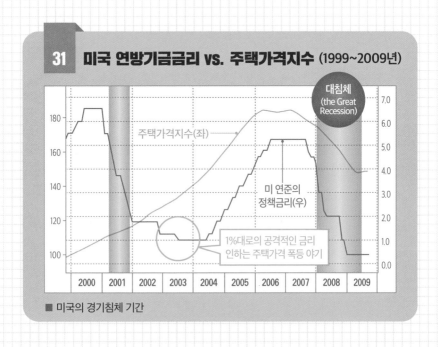

31 미국 연방기금금리 vs. 주택가격지수 (1999~2009년)

대침체
(the Great
Recession)

주택가격지수(좌)

미 연준의
정책금리(우)

1%대로의 공격적인 금리
인하는 주택가격 폭등 야기

■ 미국의 경기침체 기간

경기침체 와중에도 당시 미국 집값은 논스톱으로 상승했습니다.
2000년 초에 100이던 미국의 주택가격지수는
2006년 초 들어 180을 넘었습니다.
주택시장 거품이 마구 부풀어 오르는 동안
연준은 논스톱 금리인상으로 대응했습니다.
하지만 애초부터 대응 강도가 너무 조심스러웠고,
그래서 주택거품의 불길은 선여 잡히지 않았습니다.
그렇게 주택거품과 중앙은행 긴축이 레이스를 펼친 결과는
이번에도 거품 붕괴였습니다.
2007년 들어서 주택시장이 무너지기 시작했습니다.
연준이 공격적인 금리인하로 떠받쳐봤지만 효과가 없었습니다.
글로벌 금융위기가 발생했고, 실물경제는 대침체에 빠졌습니다.

이번에도 역시 자산시장 거품 붕괴가
실물경제의 심각한 침체를 낳은 사례로 기록됐습니다.
아래 그래프의 노란색 선,

주택가격이 정점을 찍고 꺾여 내려오자,

같은 시기에 빨간색 선,

미국의 실업률은 바닥을 치고
상승하기 시작했습니다.

주택시장이 절정일 때 4.4%까지 내려갔던
미국의 실업률은 불과 2년 사이에 10%로,
두 배 이상 높은 수준으로 뛰어올랐습니다.

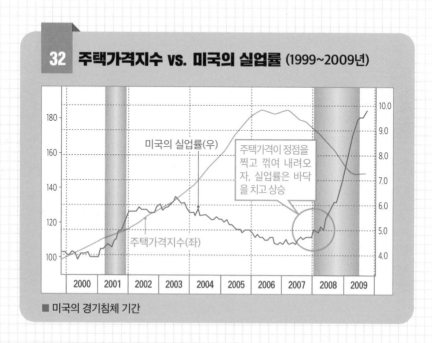

32 주택가격지수 vs. 미국의 실업률 (1999~2009년)

미국의 실업률(우)

주택가격이 정점을 찍고 꺾여 내려오자, 실업률은 바닥을 치고 상승

주택가격지수(좌)

■ 미국의 경기침체 기간

그럼 지금 미국의 자산시장은 어떤 위치에 있는 지
한 번 살펴보겠습니다. 거품이 형성되고 무너지는 우여곡절을
겪으면서도 미국의 주식과 주택가격은 매우 높은 수위까지
올라왔습니다. 금융위기 직후에 중앙은행들이 제로금리와
양적완화 정책을 장기간 제공했지요.
팬데믹 쇼크에 대응해서는 훨씬 더 강력한 재정, 통화 부양정책이
가동돼 돈이 시중에 그야말로 천문학적으로 풀렸습니다.
실물경제에서만 역대급 인플레이션이 발생한 게 아니라,
자산시장에서도 엄청나게 빠른 속도로 가격이 부풀어 오르는
현상이 나타났습니다.

실물과 자산시장 모두에서 동시에
거대한 인플레이션이 발생하는
이례적인 현상을 지난 몇 년 사이에
우리가 겪은 것입니다.

그런데 아래 그래프는 좀 착시를 일으키기도 합니다.
지난 30년 동안 나스닥지수와 미국 주택가격이
거의 비슷한 폭으로 오른 것처럼 보이지만
실상은 그렇지 않습니다.
y축, 즉 세로축의 스케일이 서로 다르기 때문에 착시가 생깁니다.
그 스케일을 동일하게 조정해서 같은 기준으로 봐야
주식과 주택가격의 상대적인 오름세를
정확하게 수평적으로 비교할 수 있습니다.

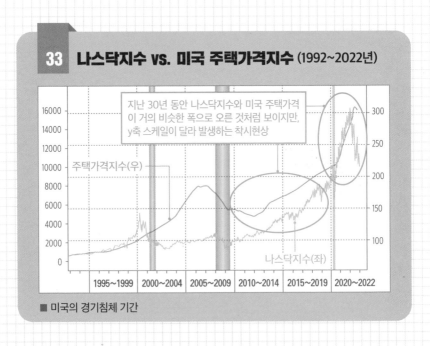

33 나스닥지수 vs. 미국 주택가격지수 (1992~2022년)

지난 30년 동안 나스닥지수와 미국 주택가격
이 거의 비슷한 폭으로 오른 것처럼 보이지만,
y축 스케일이 달라 발생하는 착시현상

주택가격지수(우)

나스닥지수(좌)

1995~1999 | 2000~2004 | 2005~2009 | 2010~2014 | 2015~2019 | 2020~2022

■ 미국의 경기침체 기간

그렇게 조정해서 그린 그래프가 아래와 같습니다.

지난 20년 동안
미국 주택가격이 4배 올랐는데,
나스닥지수는 17배 뛰었습니다.

최근 들어서 주가가 굉장히 많이 떨어졌는데도 불구하고,

그걸 감안해도 집값에 비해서는 많이 올랐습니다.

지금 나스닥지수는 닷컴버블 절정기에 비해서도 훨씬 높습니다.

물론 그 이후로 경제 규모가 많이 커졌고,

기술기업들의 돈벌이가 훨씬 더 좋아진 측면도 감안해야겠습니다.

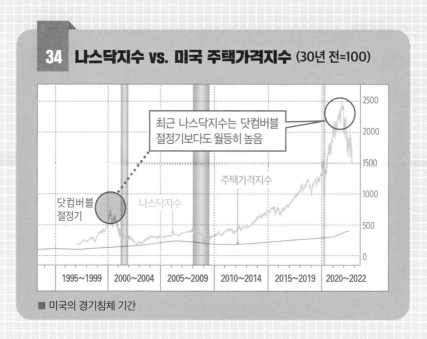

34 나스닥지수 vs. 미국 주택가격지수 (30년 전=100)

최근 나스닥지수는 닷컴버블
절정기보다도 월등히 높음

주택가격지수

닷컴버블
절정기

나스닥지수

2500

2000

1500

1000

500

0

1995~1999 2000~2004 2005~2009 2010~2014 2015~2019 2020~2022

■ 미국의 경기침체 기간

어쨌든 팬데믹을 극복하는 과정에서 미국의 주가와 주택가격은 다시 한 번 엄청난 오름세를 탔습니다.

아래 그래프를 보겠습니다. 미국 개인들의
처분가능소득 대비 순자산(= 순자산/처분가능소득)입니다.
소득에 비해서 자산이 더 빠르게 늘어나는지
더디게 증가하는지를 보여줍니다.

35 미국 개인 처분가능소득 대비 순자산 (1950~2022)

① 자산이 소득보다 더딘 속도로 증가
② 닷컴버블 시기 ③ 주택버블 시기
④ 금융위기 이후 ⑤ 팬데믹 이후

소득보다 자산이 더 빠르게
증가하는 시대 개막

1950~1959 1960~1969 1970~1979 1980~1989 1990~1999 2000~2009 2010~2019

■ 미국의 경기침체 기간

왼쪽 그래프를 다시 찬찬히 살펴보겠습니다.

① 1960년대부터 70년대 중간까지는 그래프가 하락했습니다.

파란색으로 표시한 이 구간에서 자산은 소득보다 더딘 속도로 늘었습니다.

하지만 1980년대 중간(화살표)부터는 반등해서
우상향하는 추세를 보였습니다. 소득보다 자산이
더 빠르게 증가하는 시대가 열린 겁니다.

② 특히 1990년대 중간부터 한동안은 그래프가 불쑥 솟아오릅니다.

닷컴버블 시기입니다.

③ 곧 이어서 또 2000년대 중간부터 한동안 역시 그래프가 급등합니다.

주택버블 시기입니다.

④ 그리고 금융위기 이후에 또 불쑥 솟아오릅니다.

⑤ 팬데믹 이후에도 소득 대비 순자산의 가치가 굉장히 큰 폭으로
솟아올랐습니다.

최근 들어서 주가와 주택가격이 많이 빠져서 제법 꺾이긴 했는데,
팬데믹 이전에 비해서는 여전히 상당히 높은 수준에 있습니다.

드라마틱한
화폐적 현상들

지금 실물경제와 자산시장 모두에서 동시에 거대한 인플레이션이
발생한 배경에는 천문학적으로 풀린 돈이 있습니다.
아래 그래프는 M2, 미국의 광의통화입니다. 넓은 의미의 통화라는 뜻으로
붙인 이름이지요. 우리가 보통 통화량이 많이 늘었다,
돈이 많이 풀렸다고 할 때 이 M2, 광의통화를 기준으로 말합니다.
이게 팬데믹 직후에 전례가 없는 강도와 규모로 급증했습니다.
돈이 시중에 순식간에 엄청나게 많이 풀렸다는 것을 한 눈에 알 수가 있습니다.

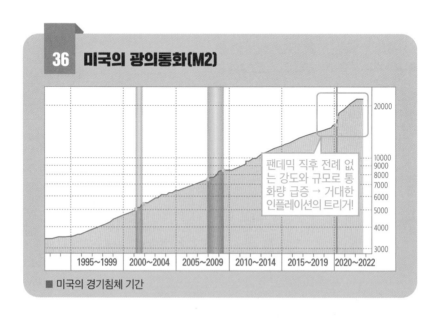

36 미국의 광의통화(M2)

팬데믹 직후 전례 없는 강도와 규모로 통화량 급증 → 거대한 인플레이션의 트리거!

1995~1999 2000~2004 2005~2009 2010~2014 2015~2019 2020~2022

■ 미국의 경기침체 기간

노벨 경제학상을 받은
밀턴 프리드먼이 이렇게 말했습니다.

"인플레이션은 언제나 어디에서나
화폐적 현상이다."

인플레이션이 발생하는 원인은
돈이 많이 풀린데 있다는 것이지요.
생산량보다 통화량이 더 빠른 속도로 늘어날 때에만
인플레이션이 발생할 수 있다고 프리드먼은 주장했습니다.
그런데 이 인플레이션이 반드시
소비자물가지수, 실물경제에만 해당하는 것은 아닙니다.
자산의 가격이 큰 폭으로 광범위하게,
지속적으로 상승하는 현상 역시 넓은 의미의
인플레이션이라고 할 수 있겠습니다.

밀턴 프리드먼

아래 그래프는 미국의 광의통화, M2의 전년 대비 증가율입니다.
팬데믹 직후 미국의 광의통화는 전년동기비 30% 가까이
폭증했습니다. 1970년대 인플레이션 당시에도 통화량이
아주 기록적으로 증가하긴 했지만, 그 속도는 연간 10%를 조금
넘는 수준이었습니다. 그 보다 두 배 이상 빠르게 통화량이
증가하는 현상이 지난 2020년 팬데믹 발생 직후에 있었습니다.
물론, 미국 정부와 중앙은행이 천문학적인 규모의 돈을 풀었던 게
주된 배경입니다. 그런데 최근 들어 이 통화량의 증가율이
아주 드라마틱하게 꺾여 내리고 있습니다.

극단적인 팽창 직후에 나타나는
극단적인 되돌림입니다.

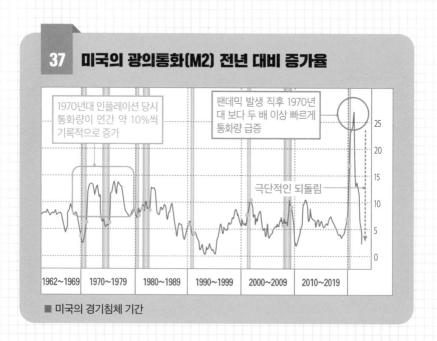

37 미국의 광의통화(M2) 전년 대비 증가율

> 1970년대 인플레이션 당시 통화량이 연간 약 10%씩 기록적으로 증가

> 팬데믹 발생 직후 1970년대 보다 두 배 이상 빠르게 통화량 급증

> 극단적인 되돌림

1962~1969 | 1970~1979 | 1980~1989 | 1990~1999 | 2000~2009 | 2010~2019

■ 미국의 경기침체 기간

아래 그래프는 미국 20개 주요 도시의 월간 집값 변동률입니다.
한 달 사이에 얼마나 오르고 내렸는지를 보여주는데,
지난 2002년 이후 최근 20년치에 해당합니다.
미국 주요 도시의 집값은 2022년 5월에만 해도 전월비로
1.3% 급등했습니다. 하지만 6월 들어서 보합세로 급격히 냉각되더니,
7월에는 결국 전월비로 하락세로 돌아섰습니다.
그리고 8월에는 하락속도가 마이너스 1.3%로 가팔라졌습니다.
금융위기의 후폭풍이 한창이던 지난 2009년 3월 이후

가장 심각한 주택가격
하락속도를 기록했습니다.

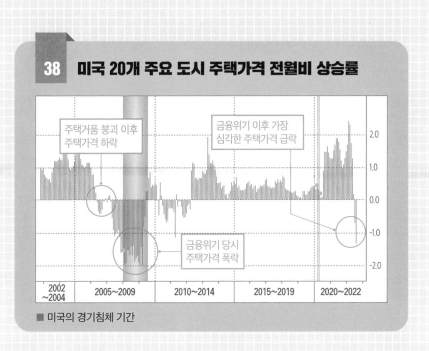

38 **미국 20개 주요 도시 주택가격 전월비 상승률**

주택거품 붕괴 이후
주택가격 하락

금융위기 이후 가장
심각한 주택가격 급락

금융위기 당시
주택가격 폭락

2002
~2004   2005~2009   2010~2014   2015~2019   2020~2022

■ 미국의 경기침체 기간

미국 주택시장 거품이 붕괴되기 직전,
2006년에 집값이 내리기 시작할 때는
지금보다 훨씬 완만한 속도로
조정이 전개됐습니다.
그런데 지금은 하락세가 시작된 지
단 두 달 만에 연율로 무려
17%가 넘는 속도로,
급락세가 펼쳐졌습니다.
그럴 만한 이유가 있습니다!

아래 그래프는 미국 모기지은행협회가 매주마다 집계하는
30년 만기 고정 모기지대출 평균 금리입니다.
미국인들이 주택대출로 가장 많이 쓰는 금리이지요.
1년 전에만 해도 3% 조금 넘던 이자율이
지금은 7%를 넘나들고 있습니다.
1년 사이에 이자부담이 두 배 이상으로 늘어났습니다.
지난 2000년대 중반, 주택거품이 무너지기 직전에는
대출금리가 아주 완만한 속도로만 올라갔습니다. 하지만 지금

미국의 주택대출 이자는
그야말로 수직으로 상승했습니다.

39 **미국 30년 만기 고정 모기지대출 금리**

팬데믹 이후 미국의
주택대출 금리가
가파르게 수직 상승 중

2000년대 중반,
주택거품이 무너지기
직전 대출금리는
완만한 속도로 진행

| 1990~1994 | 1995~1999 | 2000~2004 | 2005~2009 | 2010~2014 | 2015~2019 | 2020~2022 |

■ 미국의 경기침체 기간

아래 그래프는 미국 주택대출 금리가
1년 전에 비해 얼마나 올랐는지를 보여줍니다.
지금 미국의 30년 만기 고정 모기지대출 평균 금리는
1년 전보다 117%, 두 배 이상 높은 수준으로 뛰었습니다.

똑같은 돈을 빌린다 해도
이자를 1년 전에 비해
두 배 넘게 물어야 한다는 뜻입니다.

전례를 찾아보기 어려운 속도로 금리가 오른 것입니다.

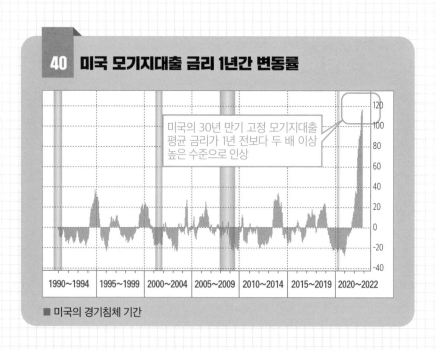

40 미국 모기지대출 금리 1년간 변동률

미국의 30년 만기 고정 모기지대출
평균 금리가 1년 전보다 두 배 이상
높은 수준으로 인상

1990~1994 1995~1999 2000~2004 2005~2009 2010~2014 2015~2019 2020~2022

■ 미국의 경기침체 기간

미국은 주로 고정금리로 주택대출을 받습니다.
금리가 많이 오른다고 해도 이미 집을 산 사람들은
별다른 영향을 받지 않습니다.
하지만 새로 집을 사려는 사람들에게는
아주 막대한 충격을 줍니다.
예를 들어서 내 돈 20만달러를 가지고 50만달러를 빌려서
70만달러짜리 집을 사려는 사람이 있다고 해보겠습니다.
이 사람은 1년 전에 연간 1만5000달러, 매달 1250달러의
이자만 부담하면 내 집 마련이 가능했습니다.
그런데 지금 이 사람은 연간 3만6000달러, 매달 3000달러의
이자를 부담할 수 있어야 집을 살 수가 있습니다.
월 소득이 상당히 많지 않고서는 70만달러짜리
집을 사기가 어렵다는 얘기입니다.

결국 주택을 사려는 수요가 시장 전반에 걸쳐서 아주 급격하게 위축될 수밖에 없습니다.

미국의 모기지대출 금리와 주택시장

▶ 자기자본 20만달러 + 모기지대출 50만달러 = 70만달러
→1년 전 : 이자율 3.00%, 매월 이자 부담 1250달러
→현재 : 이자율 7.16%, 매월 이자 부담 3000달러

아래 그래프는 미국에서 모기지대출을 받겠다고 신청한 사례를
지수로 만든 것입니다. 지난 1997년 초 이후 25년여 만에
최저치로 곤두박질쳐 있습니다.

돈을 빌리려는 수요가 그만큼 많이 줄었으니 집을 사겠다는 수요 역시 굉장히 많이 감소했겠지요.

41 미국 주간 모기지대출 신청지수

미국에서 모기지대출
을 받겠다고 신청한
사례가 지난 1997년
초 이후 25년여 만에
최저치를 기록

2000
1500
1000
500
0

1995~1999 2000~2004 2005~2009 2010~2014 2015~2019 2020~2022

■ 미국의 경기침체 기간

아래 그래프는 미국 기존주택, 그러니까 새집이 아닌,
기존에 사람이 살았던 주택의 매매량을 보여줍니다.
팬데믹 때, 금리가 사상 최저치로 떨어졌을 당시
껑충 뛰었던 것이 이제 금리가 수직으로 상승하자
곤두박질을 치고 있습니다. 지난 2000년대 중반 주택거품이
꺼질 때와 비슷한 조정 속도를 보이고 있습니다.
이자가, 금리가 이렇게 무섭습니다.
연준이 전례 없이 공격적인 속도로 금리를
인상하는 목적이 여기에 있습니다.

주택시장이 냉각되는 것이야말로
연준이 바라는 바입니다.

42 **미국 월간 기존주택 판매**

팬데믹 직후 사상 최저 금리에
껑충 뛰었던 주택 판매량이
금리가 급등하자 곤두박질

2000년대 중반 주택
거품이 꺼질 때와 비
슷한 조정 속도

| 2000~2004 | 2005~2009 | 2010~2014 | 2015~2019 | 2020~2022 |

7.5
7.0
6.5
6.0
5.5
5.0
4.5
4.0
3.5

■ 미국의 경기침체 기간

인플레이션 파이터의
승리를 위한 선택

제롬 파월 미국 연준 의장은 주택가격이 그동안 지속불가능하게
빠른 속도로 올랐다고 지적하면서, 집값이 꺾이는 것은 "좋은 것"이라고
말했습니다. 사람들이 다시 집값을 감당할 수 있도록 하는 게 장기적으로
필요하다면서, 그러기 위해서는 주택시장이 조정을 겪어야만 할 것 같다고
말했습니다. 소비자물가의 상승률뿐만 아니라, 집값의 인플레이션도
낮추겠다는 게 미국 연준 의장이 밝히는 정책의 목표인 것이지요.
집값을 떨어뜨림으로써 소비자물가를 잡겠다는 뜻이기도 합니다.
그런데 여기서부터 미묘한 문제가 발생합니다. 미국의 중앙은행,
연방준비제도는 다섯 가지의 기능을 수행하는데, 그 중에서 핵심은
통화정책을 사용해서 물가안정과 완전고용을 달성하는 것입니다.
그리고 동시에 연준은 금융시스템의 안정이 유지될 수 있도록 지원을 하는
기능도 아주 중요하게 여깁니다. 한편으로는 물가안정을 도모하고
다른 한편으로는 금융안정을 지원하는 기능을 갖는다는 것이지요.

"주택가격은 그동안 지속불가능하게
빠른 속도로 올랐다.
따라서 주택가격 상승의 감속은 좋은 것이다.
집값을 감당할 수 있도록 하기 위해서는
주택시장의 조정이 불가피할 것 같다."

_제롬 파월

인플레이션이 2.0%에서 크게 벗어나지 않는다면
물가안정을 달성했다고 볼 수 있습니다.
그런데 금융안정이라는 것은 개념이 좀 모호합니다.
과거에는 자산시장 거품이 없는 상태를
금융안정이라고 간주했습니다.
또 어떤 때에는 자산가격이 갑자기 너무 급하게,
많이 떨어지지 않는 상태를 금융안정이라고
주장하는 견해도 있었습니다.
지난 2008년 금융위기는 이 두 가지 조건이
모두 무너졌던 사례였지요.
그래서 결국 금융시스템에 큰 충격이 가해졌고,
그 쇼크로 인해 실물경제가 공황에 가까운 침체에 빠져들었습니다.
금융은 경제에 혈액을 공급해주는 역할을 하는데
그 혈류가 막히고 끊겨버렸던 겁니다.

어떤 경우든 금융시스템이 별다른 충격 없이 잘 작동하도록 지원하는 게 중앙은행의 핵심적인 기능 중 하나라고 정리할 수 있겠습니다.

금융안정이란?

▶ 자산가격에 거품이 없는 상태
▶ 자산가격이 갑자기 과도하게 떨어진다면 금융이 불안정한 것

[2008년 금융위기]

자산가격 거품 ➡ 붕괴 ➡ 금융시스템 충격 ➡ 실물경제 침체

그런데 아래 그래프를 살펴보면,
빨간색 선, 연준이 금리를 공격적으로 올렸더니
녹색 선, 주가지수가 아주 기록적인 속도로 추락합니다.
주식가격이 내리면 소비자와 기업의 자신감이 꺾이고
소비와 투자가 위축됩니다.
그러면 인플레이션 압력이 줄어듭니다. 그런 점에서

주가 하락 역시 물가안정을 위해
중앙은행이 목표로 삼는 일입니다.

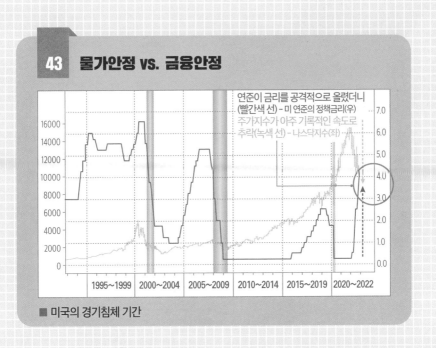

43 물가안정 vs. 금융안정

연준이 금리를 공격적으로 올렸더니
(빨간색 선) - 미 연준의 정책금리(우)
주가지수가 아주 기록적인 속도로
추락(녹색 선) - 나스닥지수(좌)

■ 미국의 경기침체 기간

하지만 집값이든, 주식가격이든 단기간에 너무 많이 떨어지면 어떤 일이
발생할까요? 무리하게 자산투자에 나섰던 개인이나 금융기관이 타격을
받아 또다시 금융시스템이 불안정해질 수도 있겠습니다.
물가안정을 도모하려다 금융안정을 해친다는
주장이 나오는 배경입니다. 한편, 중앙은행은 주가가 덜 떨어지게 하려고,
집값이 너무 많이 하락하는 걸 피하려다가
인플레이션을 잡지 못하는 상황에 봉착할 수도 있습니다.
딜레마입니다. 어쨌든 양자택일의 상황에 몰린다면 둘 중
하나를 포기하지 않으면 안 됩니다.

연준

"금융안정과
물가안정
두 마리 토끼를
동시에
잡을 수는 없다!"

금융안정   물가안정

최근 영국에서 주목할 만한 금융불안정 문제가 대두됐습니다.

아래 그래프는 30년 만기 영국 국채수익률입니다.

중앙은행 긴축 전망을 반영해 꾸준히, 비교적 안정적으로 올라가던

금리가 갑자기, 단 며칠 사이에 폭발적으로 뜀박질을 했습니다.

3.5% 정도이던 이 채권의 금리가 순식간에 5%선 위로 치솟았습니다.

단 며칠 사이에 말입니다. 새로 취임한 영국 총리가

국민들의 에너지 비용을 정부가 대신 내주고, 세금을 대대적으로 깎아 주겠다고 밝힌 탓입니다.

정부가 빚을 엄청나게 내서, 국채를 대량으로

발행해서 그 비용을 충당하겠다고 한 것입니다.

44 영국의 30년 만기 국채수익률

대대적인 국채 발행으로 에너지 비용과 세금 부담을 덜어주겠다 던 영국 총리의 주장에 3.5%대로 안정적이던 국채 금리가 순식간에 5%선 위로 치솟음

정부에 빌려줄 수 있는 저축은 무한하지 않습니다. 그럼에도 불구하고
이미 많은 빚을 진 정부는 대규모로 더 차입하겠다고 나섰습니다.
자연히 금리가 드라마틱하게 튀어 올랐습니다.

돈에 대한 수요가 급증하니까
금리, 돈의 가격이 급등한 것이지요.

정부가 경제를 그렇게 부양하면 인플레이션은 더 심해질 수밖에 없습니다.
그럼 중앙은행은 금리를 더 극적으로 인상해야 하겠지요.
그런 우려도 국채 금리가 급등하게 된 배경입니다.
사람들이 국채를 급하게 팔기 시작했습니다. 매물이 매물을 낳는 투매가
발생했습니다. 국채 가격이 무질서하게 폭락하고 국채 금리가 무질서하게
폭등했습니다. 정부가 정상적으로 돈을 빌리기 어려울 정도로 이렇게
금리가 요동을 치는데 민간이 자금을 조달하기는 더욱 힘들 것입니다.
금융이 정상 기능을 잃을 위험에 처하자 영국의 중앙은행, 영란은행이
전격적으로 시장에 개입했습니다. '금융안정'을 위해 중앙은행이 나선 것
입니다. 국채를 대대적으로 사들이겠다고 영란은행이 발표하자 금리가
신속하게 떨어졌습니다. 영국 정부는 문제가 됐던 정책들을 결국
철회했습니다. 영국의 새 총리는 이 사태의 책임을 지고
물러났습니다. 그제서야 국채시장이 안정됐습니다.

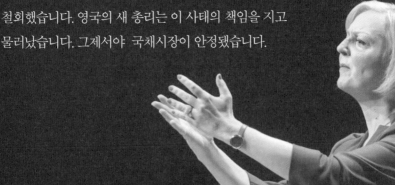

- 리즈 트러스 영국 총리

훨씬 더 심각한 '금융불안정' 현상은 팬데믹 쇼크 당시에 있었습니다.
아래 그래프는 지난 2020년 한 해 동안 미국 30년 만기 국채 금리를
보여줍니다. 그 중에서도 3월은 아주 짧지만 심각했던
팬데믹 금융위기의 국면입니다. 주가가 폭락하자 한동안 국채 금리도
함께 폭락했습니다. 여기까지는 비교적 자연스러운 현상이었습니다.

국채 금리가 폭락했다는 것은, 금리를 적게 줘도 괜찮으니까 무조건 국채를 사겠다고 너도 나도 앞다퉈서 경쟁을 했다는 얘기입니다.

모두들 위험한 자산시장에서 돈을 빼서 가장 안전하다고 여기는
미국 국채를 사겠다고 몰려들었던 겁니다.

45 2020년 미국의 30년 만기 국채수익률

현금이 부족해지자 국채마저
투매해 금리가 폭등

팬데믹 직후 주가 폭락하자 국채 금리도 폭락

1월 2월 3월 4월 5월 6월 7월 8월 9월 10월 11월 12월
2020

그런데 며칠 뒤 이상한 일이 발생했습니다.

주가 폭락세가 더 심해지고 있는데,

국채 금리가 갑자기 폭등하기 시작했습니다.

정상적인 상황에서는 일어날 수 없는

지극히 이례적인 현상이었습니다.

너도 나도 현금이 필요한 상황에 몰리자 심지어 미국 국채마저

투매를 해야 하는 지경에 이르렀던 것입니다.

그래서 미국의 중앙은행, 연방준비제도가
시장에 개입했습니다.

천문학적인 돈을 풀어서 국채를 사들였습니다.

경기를 부양하기 위한 양적완화와는 좀 성격이 달랐습니다.

그 결과 미국 국채시장은 다시 질서를 되찾고

비교적 안정적으로 돌아가기 시작했습니다.

물가안정 vs. 금융안정

▶ **팬데믹 당시**
→ 실물경제는 심각한 디플레이션 위험에 직면
→ 미국 연준의 대규모 국채매입은 물가안정 + 금융안정 동시 추구

▶ **현재**
→ 실물경제는 역대급 인플레이션 위험에 직면
→ 중앙은행의 대규모 국채매입은 물가안정 문제를 심화할 위험 내포

영란은행과 미국 연준의 시장 개입은 모두 국채를 대량으로 매입한다는 공통점이 있습니다. 한편으로는 시장에 유동성을 대거 투입하고 다른 한편으로는 국채 금리를 낮추는 것이지요.

그런데 문제가 있습니다. 팬데믹 위기 당시 미국 연준의 국채매입은 극심한 '디플레이션' 위기 앞에서 행해졌습니다.

따라서 당시의 대규모 국채매입은 물가안정과 금융안정을 동시에 도모하는 일석이조에 해당하는 조치였습니다.

그에 반해, 얼마 전 영란은행의 대규모 국채매입은 극심한 '인플레이션' 환경 하에서 행해졌습니다. 금융안정을 도모하는 긴급한 조치였지만 다른 한 편으로는 물가안정을 해칠 수 있는 대규모 양적완화 정책처럼 비쳐졌습니다.

사람들 눈에는 자칫, '중앙은행이 물가안정에 별로 열의가 없다'고 비쳐질 위험이 컸습니다. 그런데 정반대의 위험도 큽니다. 물가안정을 포기했다는 오해가 부담스러워 중앙은행이 금융안정에는 소홀할 가능성을 배제할 수가 없는 것이지요. 중앙은행이 금융불안정에 소극적으로 대응할 위험 역시 지금 전 세계가 안고 있는 아주 심각한 위험입니다.

금융시장 어디에서 뭔가 부러질 지도 모르겠다는 걱정이 그래서 목소리를 내고 있습니다. 그런 목소리가 커지면서 중앙은행이 물가안정에 소홀할 수도 있겠다는 걱정이 함께 고조되고 있습니다. 이런 딜레마는 결국 인플레이션 때문에 발생하는 것입니다.

인플레이션이 없는 환경에서는 이런 고민을 할 필요가 없었습니다.

아래 그래프는 블룸버그가 고안한
'미국 국채시장 유동성지수'입니다. 유동성이 풍부하고
시장이 안정적이면 이 지수의 레벨이 낮아집니다.
문제가 별로 없다는 뜻입니다. 하지만, 유동성이 빠듯하고
시장이 불안정하면 이 지수의 레벨은 높아집니다.
지금이 딱 그렇습니다. 얼마나 높아져 있는가 하면, 2020년 3월,

미국 국채시장 기능에 막대한 장애가 생겨서 결국 연준이 대규모 개입에 나섰던 바로 그 때 수준으로 유동성 문제가 악화해 있습니다.

46 블룸버그 미국 국채 유동성지수

미국 국채시장에 막대한 장애가 생겨 연준이 대규모 개입에 나섰던 시기

유동성이 빠듯하고 시장이 불안정하면 지수 레벨 상승

유동성이 풍부하고 시장이 안정적이면 지수 레벨 하락

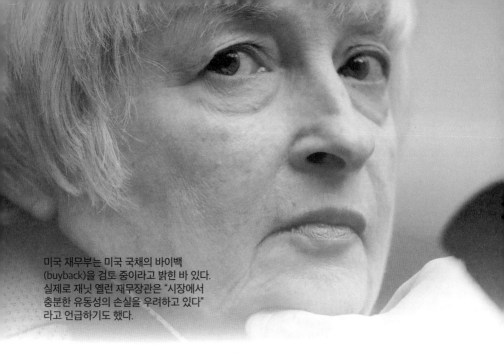

미국 재무부는 미국 국채의 바이백
(buyback)을 검토 중이라고 밝힌 바 있다.
실제로 재닛 옐런 재무장관은 "시장에서
충분한 유동성의 손실을 우려하고 있다"
라고 언급하기도 했다.

이렇게 시장 유동성이 빠듯한 상황에서는
누군가 좀 큰 물량을 팔려고 내놓을 때 큰 충격이 가해집니다.
가격이 대폭 떨어지고 금리는 대폭 상승하는
문제가 발생할 수 있습니다.
자산시장에는 매물이 매물을 부르는 속성이
있습니다. 가격이 그렇게 갑작스럽게 떨어지면
누군가 따라서 매도에 나서고, 그러면
가격 하락과 투매의 악순환이 발생합니다.
이 유동성지수만 놓고 봐서는 지금 미국 국채시장은
살얼음 판 같습니다. 돈줄을 공격적으로 죄고 있는 연준이
과거처럼 공격적으로 돈을 풀어 개입에 나설 수 있을까? 걱정하는
사람들이 많습니다. 물가안정을 위해 금융안정을 일정부분
포기할 수도 있다고 보는 겁니다.

그렇다면 미국 국채시장은 왜 이렇게 충격에 취약해져 있을까요?
그 문제의 배경을 아래 그래프가 잘 보여줍니다.

미국 정부가 빚을 너무 많이 낸 것입니다.
너무 많은 적자국채를 발행한 탓입니다.

금융위기가 터졌을 당시에만 해도 미국 정부부채는 10조달러
정도였습니다. 그게 지금은 31조달러를 넘어서 있습니다.

14년 사이에 3배 넘는 수준으로 빚이 불어났습니다.

물론 연준이 미국 국채를 많이 사줬습니다.

그 빚은 정부가 갚지 않아도 됩니다. 하지만 연준이 흡수해 준
빚을 제외하고도 미국 연방정부의 부채는 26조달러에 달합니다.

엄청나게 늘어나 있기는 마찬가집니다. 연준이 국채를 사 주니까
정부가 더 마음껏 빚을 내 이 지경에 이르렀다고도 할 수 있습니다.

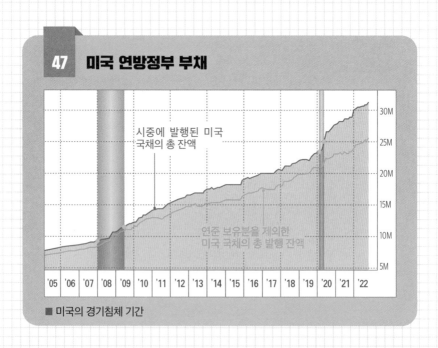

47 미국 연방정부 부채

시중에 발행된 미국
국채의 총 잔액

연준 보유분을 제외한
미국 국채의 총 발행 잔액

■ 미국의 경기침체 기간

48 미국 연방정부 부채 / 상업은행 자본

상업은행 자본 대비 국채 발행액의 비율이 금융위기 이후 두 배 넘게 증가

미국의 국채시장은 보통 은행들이 중심이 돼서 돌아갑니다.

그런데 미국의 국채발행 규모는 상업은행들의 자본보다

훨씬 빠른 속도로 늘어났습니다.

은행 자본 대비 국채발행액의 비율은 금융위기 이후로

두 배를 넘는 수준으로 뛰었습니다.

은행들이 감당해낼 수 있는 능력을 훨씬 넘어서는 규모로 국채가 대량 발행

됐으니, 원활하게 거래가 되지 않는 것은 어쩌면 당연한 일이겠습니다.

지금까지 인플레이션 파이팅 과정에서 금융위기가

발생할 위험에 관해 알아봤습니다. 다음 제3강에서는

'달러화 초강세'가 야기하는 심각한 문제들을 들여다보겠습니다.

LESSON
3

슈퍼 강달러의 파괴적 메커니즘 : 막다른 골목에 몰린 일본

"Our currency,
your problem"

지난 2강에서는 미국의 금리인상이 야기할 수 있는
금융위기의 위험성에 관해서 살펴봤습니다.
이번 제3강 역시 같은 맥락이라고 할 수 있겠습니다.
미국의 긴축 과정에서 달러가 엄청나게 올랐지요.
달러화 강세 때문에 전 세계가 고생을 하고
있는데, 어떤 메커니즘을 통해서
어떻게 문제가 나타나는지를
한 번 살펴보겠습니다.

달러화로 인해 발생하는 전 세계적인 문제를 논하는 자리에서
이 사람을 먼저 소개하는 것도 의미가 있겠습니다.
바로 존 코널리(John Connally)라는 사람입니다.
1971년 2월부터 1972년 6월까지, 길지는 않지만
미국 제61대 재무장관을 지낸 인물입니다.
원래는 텍사스 출신 민주당 정치인입니다.
텍사스 주지사(1963.1~1969.1)를 지냈지요. 그보다 앞서
존 F 케네디 정부에서 해군장관(1961.1~1961.12)을 역임했습니다.

1963년 11월 22일, 케네디 대통령이 텍사스주를 방문해
카퍼레이드를 하다가 총격을 받고 피살됐는데,
그 때 존 코넬리는 케네디 바로 앞자리에 앉아 있다가
오른 손목에 총상을 입었습니다.
당시 코넬리는 텍사스 주지사였습니다.
그런 코넬리가 리처드 닉슨 공화당 행정부에서
재무장관이라는 중책을 맡았습니다.

1963년 11월 22일 케네디 대통령이 피살되던 당시
카퍼레이드 도중 군중을 향해 손을 흔들고 있는 존 코넬리

코넬리는 재무장관이 된 직후 유럽의 재무장관들과
만난 자리에서 이런 말을 했습니다.

"달러는 우리의 통화이지만,
그 문제를 안고 있는 것은 당신들이다."

영어로 짧게 줄여서

"Our currency, your problem."*

요즘도 기회가 될 때마다 어김없이 회자되는 말을 남겼습니다.

당시 미국 정부는 금태환제를 정지하고
달러화 평가절하를 모색하고 있었습니다. 달러가 전 세계에
너무 많이 풀려서 금에 대한 상대가치가 많이 떨어질 수밖에 없는
상황이었습니다. 달러를 평가절하하면
독일 마르크, 일본 엔화, 프랑스 프랑, 영국 파운드 같은
다른 주요 통화들의 가치는 절상돼야 합니다.
외환보유고에 금 대신 달러를 잔뜩 쌓아 뒀던 나라들은
아주 큰 손실을 입게 됐습니다.
달러 가치가 떨어지고 자국 통화가치가 오르면
미국에 대한 수출도 어려워지겠지요.
그렇게 달러화 약세 압력 때문에 미국 바깥 정부들이 골머리를
앓고 있을 때 코넬리 장관이 바로 이 유명한 말을 했던 겁니다.
미국이 책임져야 할 문제가 아니라는 취지입니다.

---

* 이 발언의 출처는 『달러의 부활』(폴 볼커, 교텐 토요오 지음. 안근모 옮김) 165쪽.

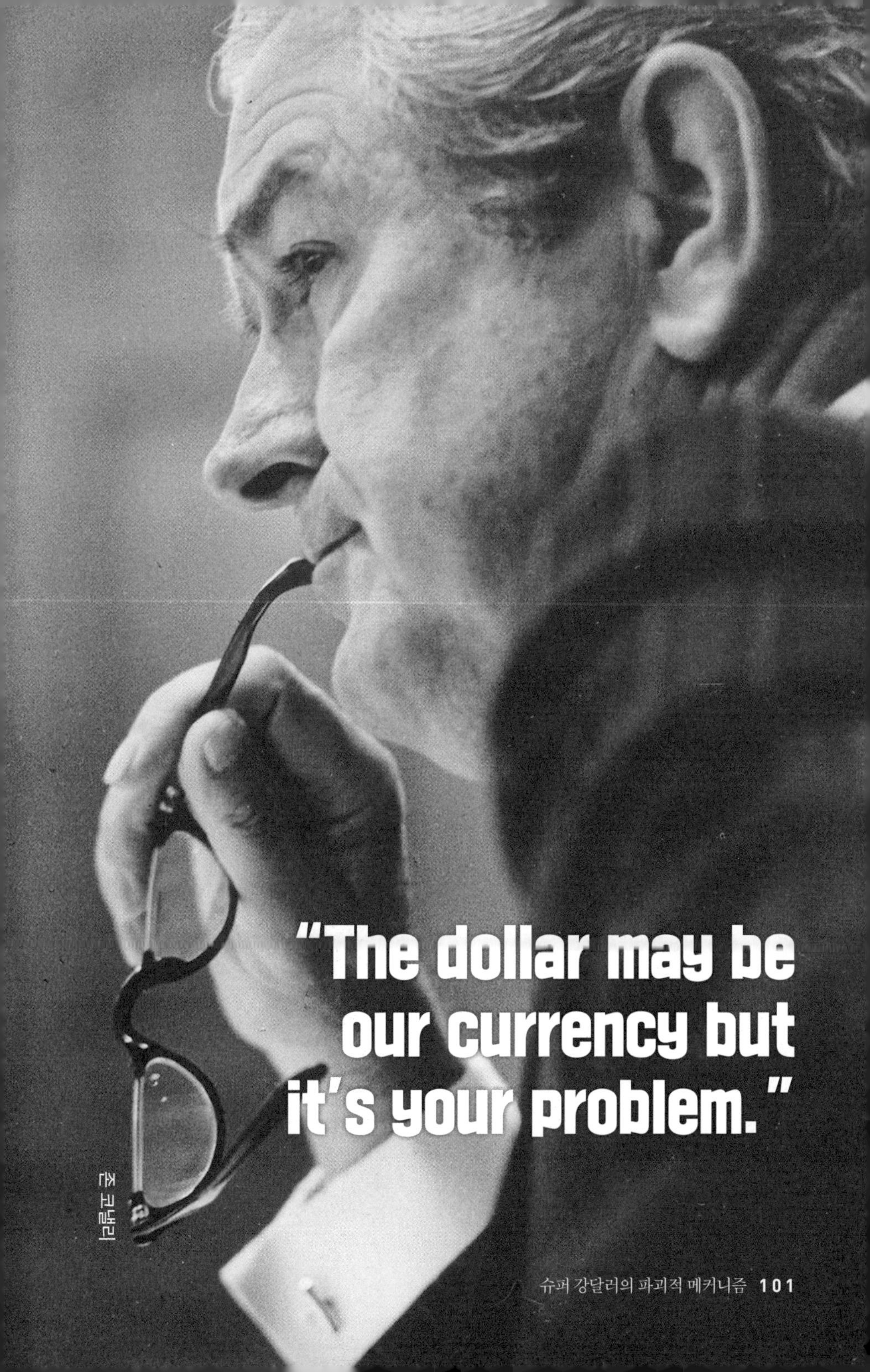

"The dollar may be
our currency but
it's your problem."

존 코넬리

그로부터 51년이 지났습니다.

지난 2022년 9월 말, 미국 클리블랜드 연방준비은행의

로레타 메스터(Loretta J. Mester) 총재는,

"달러화 강세가 미국의 인플레이션을
낮추는 데 도움이 될 것"

이라고 말했습니다.

달러가 너무 강해서 전 세계가
고역을 치르고 있는데, 정작 달러의 주인이자
달러를 관리하는 미국의 연준 고위 관계자는
달러가 강해서 자신들은 좋다고 말한 겁니다.

"달러화 강세가
미국의 인플레이션을
낮추는 데
도움이 될 것이다!"

_로레타 메스터

같은 날, 제임스 불라드(James Bullard)
미국 세인트루이스 연준 총재 역시 이렇게 말했습니다.
"국제적 동향이 미국에 미치는 충격을 숙고하고 있다.
글로벌 경제에 관심을 기울이고는 있으나 초점은 미국에 맞춰져 있다."
당시는 미국 연준이 긴축의 고삐를 다시 바짝 죄어 올리던 때였습니다.
전 세계에 미치는 달러화 강세 압박이 더욱 커졌습니다.
마침 미국 워싱턴에서 열리는 국제통화기금(IMF) 총회를 앞둔 때였습니다.
각국 재무장관들과 중앙은행 총재들이 연준 긴축으로 인한 달러의
일방적 강세에 강하게 문제제기를 하려던 차였습니다.
그런 분위기에 대해 미국 중앙은행이 내놓은
간접적인 답변은 51년 전과 사실상 똑같았습니다.
'달러는 우리의 통화이지만,
그 문제를 안고 있는 것은 당신들이다!'

"글로벌 경제에 관심을
기울이고는 있으나,
초점은 미국이다!"

_제임스 블라드

그렇다면, 과도한 달러화 강세가 미국 바깥에는 왜 문제인가?
이것부터 한 번 살펴보겠습니다.

그보다 먼저 환율을 읽고 쓰는 법, '환율 표기법'부터 정리를
해 두는 게 좋겠습니다. 환율을 표기할 때에는 기준이 되는 통화를
앞에 두는 게 원칙입니다. 우리가 보통 말하는 환율은
'달러-원'이라고 표기합니다. 달러가 앞에 갑니다.
1달러에 1400원 이런 식이지요. 달러가 기준입니다.
그래서 달러 다음에 원, 이렇게 표기합니다.
'원-달러'라고도 많이 표현하는데 잘못된 표기법입니다.
대부분의 환율은 이렇게 달러를 기준으로 삼아서 달러를 앞에다 놓고
표기를 합니다. 달러-엔, 달러-위안, 달러-프랑 이런 식입니다.
그런데 몇몇 예외가 있습니다. 유로, 영국 파운드 그리고
호주의 달러, 뉴질랜드의 달러는 미국 달러보다 앞에 표기합니다.
이 때 기준통화는 달러가 아닙니다.
1유로에 0.99달러, 1파운드에 1.16달러 이런 식이 됩니다.
예외가 되는 이 통화들 말고는 모두 달러가 기준통화로
앞에 온다고 생각하면 쉽습니다.

환율 표기법

▶ 기준이 되는 통화를 앞에 둔다
→ '달러-원' : 1달러에 1400원 ('원-달러'는 잘못된 표기법)
▶ 대부분의 환율 표기는 달러를 '기준'으로 삼는다
→ 달러-엔, 달러-위안, 달러-캐나다달러, 달러-스위스프랑
[예외] 유로, 파운드, 호주달러, 뉴질랜드달러
→ '유로-달러' : 1유로에 0.99달러

자, 그러면 우리 달러-원 환율 그래프를 보겠습니다.

2022년 10월 말까지 1년 동안의 흐름입니다. 거의 쉼 없이 올랐습니다.

달러-원 환율이 올랐으니까, 달러가 원화에 대해서 올랐다는 의미가 됩니다.

1년 동안 달러-원 환율은, 그러니까 달러의 가치는 원화에 대해

22% 상승했습니다. 환율이 오르고 내리는 게 우리 경제에 좋다 나쁘다,

뭐가 바람직하다고 단정할 수는 없습니다. 경우에 따라서 이익이 되는

사람이 있고 손해를 보는 사람도 있기 때문입니다. 하지만

환율이 짧은 기간 너무 급하게 많이 변동하면, 오르든 내리든 대개 좋지 않습니다.

환율이 앞으로 어떻게 될 지 지극히 불확실해지면, 무역활동이 크게

위축되기 때문입니다. 수출을 하거나 수입을 하는 과정에서 환율 때문에

뜻하지 않게 큰 손실을 볼 수 있으니 몸을 사리게 되는 겁니다.

그러면 생산과 고용, 투자도 위축됩니다.

49 달러-원 환율(2022년 10월 31일까지 1년간)

환율 변동이 커지면 무역 관련 수입 및 비용 전망이 불확실해져 무역활동이 위축되면서, 생산, 고용, 투자에 악영향

달러가 너무 강해질 때 발생할 수 있는 대표적인 문제는 물가, 수입물가
입니다. 아래 그래프에서 파란색 선은 국제유가, 브렌트 원유 선물가격
입니다. 1년 전을 100이라고 치면, 2022년 10월 초는 112.5가 됐습니다.
국제유가가 1년 동안 12.5% 올랐습니다. 기름 값을 달러로 지불하는
미국 입장에서 보면 그렇지요. 그런데 이 그래프에서 빨간색 선은
숫자가 다릅니다. 1년 사이에 약 37% 뛰었습니다. 우리나라 원화로
환산을 하면, 국제유가는 훨씬 많이 올랐다는 겁니다. 국제유가는
달러로 표시됩니다. 달러의 가치가 오르면, 달러-원 환율이 상승하면,
국제유가가 가만히 있는다 해도 우리 입장에서는 수입원유 가격이
오르게 됩니다. 우리나라의 수입원유 가격은 국제유가에 환율을
곱한 것이라서 그렇습니다. 환율이 오르면, 달러로 거래되는
다른 모든 수입물가 역시 이런 식으로 일제히 급등하게 됩니다.

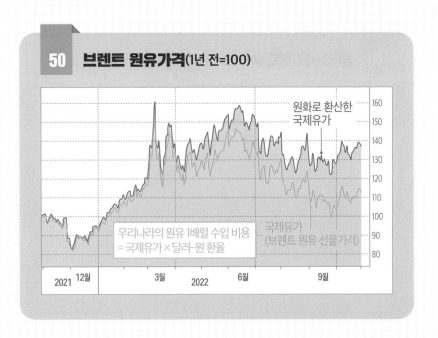

아래 그래프는 우리나라의 소비자물가지수 상승률입니다.

전년동월비로 6%를 넘나들고 있습니다.

환율 영향을 굉장히 많이 받고 있습니다.

지난 1998년 이후로 이렇게 인플레이션이

높았던 적은 없었습니다. 24년 전, 1998년 당시에도

환율이 급등하는 바람에
인플레이션도 함께 폭등했습니다.

물론 우리 경제 내부의 불균형 요인도 있겠지만,

환율이 안정적이었다면 이렇게까지 인플레이션이

높지는 않았을 겁니다. 좀 억울한 면이 많은 인플레이션입니다.

그래서 그 억울한 점이 바로 문제의 출발점입니다.

51 한국 소비자물가지수 전년동월비 상승률

지난 1998년 당시처럼 환율 급등
으로 인플레이션도 함께 폭등

10.0

8.0

6.0

4.0

2.0

0.0

1995~1999   2000~2004   2005~2009   2010~2014   2015~2019   2020~2022

거대한 리스크의
시나리오

미국 정부와 중앙은행이 경제를 너무 과하게 부양해서
인플레이션이 발생했습니다. 결국 연방준비제도가 뒤늦게
금리인상에 나섰지요. 늦었으니까 더 급하게 공격적으로
금리를 올렸습니다. 미국 금리가 마구 오르는데
한국의 금리는 상대적으로 덜 오르면 두 나라 금리의 차이가 커집니다.
미국이 금리를 훨씬 많이 주니까 한국 돈이 미국으로 빠져나갑니다.
원화를 팔고 달러를 사니까 달러-원 환율이 올라갑니다.
환율이 오르니까 우리나라 수입물가가 뜁니다.
우리는 그다지 과소비한 것도 없는데,
환율 때문에 우리나라 인플레이션이 심해집니다.

인플레이션이 높아지는 나라는
통화가치가 하락하고 환율이 오르기 쉽습니다.
그러면 수입물가가 더욱 오르고,
인플레이션은 더욱 심해지는 악순환이 발생합니다.
결국 한국은행은 금리인상에
더 속도를 내야 합니다.

우리나라 경제 내부만 놓고 보면 금리를 이렇게까지
올릴 게 아닌데 말입니다. 환율 상승 때문에,
달러화의 과도한 강세 때문에 우리나라는
필요 이상으로 경제활동을 억제해야 하는 부작용을 겪게 됩니다.

달러화 강세의 부정적 파급효과(spillover)

| 과잉부양으로 인한 미국 경제의 심각한 불균형 | → | 연방준비제도 공격적 금리인상 | → | 미국-한국 금리차 확대 | → | 달러-원 환율 상승 |

한국 경제에 필요 이상의 긴축압박 부과 ← 한국은행 금리인상 가속도 ← 달러-원 환율 추가 상승 압력 ← 한국 수입물가 상승, 인플레이션 심화 ← 달러-원 환율 상승

국제경제에는 '불가능한 삼위일체'라는 개념이 있습니다.

'트릴레마(trilemma)'라고도 하지요.

① 자유로운 자본이동, ② 안정된 환율, ③ 통화정책의 주권,*

이 세 가지를 동시에 다 가질 수는 없다는 겁니다.

우리나라는 자본시장을 자유롭게 개방한 나라입니다.

자연히 요즘 같은 때에는 환율이 뜁니다.

낮고 안정된 환율을 유지하고 싶다면 낮은 금리를 포기해야 합니다.

금리를 미국보다 훨씬 많이 올려야 요즘 같은 때

낮고 안정된 환율을 가질 수 있습니다.

반대로 비교적 낮은 금리를 유지하려면 안정된 환율을 포기해야 합니다.

우리나라는 지금 환율과 금리를 적절히 나눠서 희생하는 전략입니다.

그런데 아주 극단적으로 한 쪽만 선택해서 희생하는 나라도 있습니다.

바로 일본입니다.

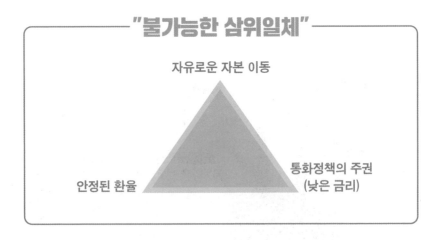

* 자국 내 금리를 자기 실정에 맞게 낮게 유지할 수 있는 권리

아래 그래프의 녹색 선은 일본 10년 만기 국채수익률입니다.
빨간색 선, 미국 10년 만기 국채 금리가 솟구쳐 올라가는데도
불구하고 일본 금리는 0% 부근에 묶여있습니다.
일본의 중앙은행인 일본은행이 특정 수준 위로는 금리가 올라가지
못하도록 상한선을 정해 놓고 물리적으로 막았기 때문입니다.
'수익률곡선 통제정책' 또는 'YCC(Yield Curve Control)'라고
불리는 아주 극단적인 유형의 양적완화 정책을
일본은행이 아직도 고수하고 있습니다.

금리가 상한선보다 높아지지 않도록
일본은행은 날마다 제한 없이 국채를 매입

했습니다. 따라서 미국 금리가 올라가면 갈수록
미국과 일본 사이의 금리차는 더 벌어지는 구조입니다.

52 **일본은행의 '수익률곡선 통제(YCC)'**

미국 10년 만기
국채 금리

수익률곡선 통제

일본 10년 만기 국채 금리

2020

2021

2022

미국의 금리가
올라갈수록
미-일 간
금리차 커짐

자, 불가능한 삼위일체를 다시 한 번 보겠습니다.

일본은 지금 극단적으로 통화정책의 주권을 행사하고 있습니다.

전 세계가, 특히 미국이 금리를 대대적으로 올리고 있는데도 불구하고

일본은 극도로 낮은 금리를 고집하고 있습니다.

그래서 미-일 금리차가 극단적으로 벌어졌습니다. 그러면 어떻게 되겠습니까?

안정된 환율은 포기해야 합니다.

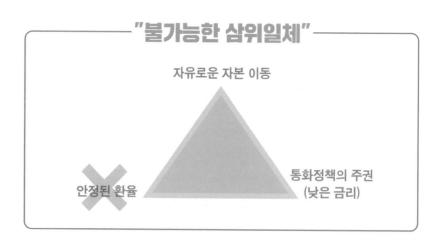

아래 그래프는 2022년 10월 말까지

5년 동안의 달러-엔 환율입니다.

일본 엔화에 대한 미국 달러의 가치가 수직으로 상승했습니다.

달러가 엔화보다 이자를 훨씬 더 많이 주니까

자연히 달러가 강해지는 겁니다.

반면, 엔화는 계속해서 이자를 거의 주지 않으니까

달러에 대해서 계속해서 약해지는 거지요.

지난 2년 동안 달러는 엔화에 대해 41% 올랐습니다.

환율이 이렇게 뛰면
어떤 문제가 발생할까요?
당장 수입물가에 문제가 생깁니다.

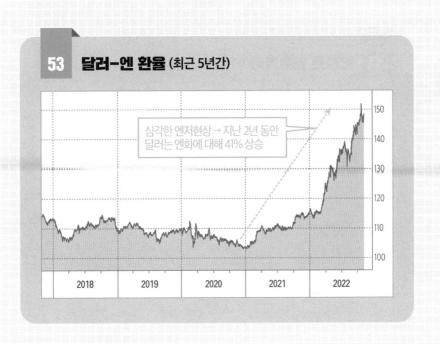

53 **달러-엔 환율** (최근 5년간)

심각한 엔저현상 → 지난 2년 동안
달러는 엔화에 대해 41% 상승

2018 2019 2020 2021 2022

앞에서 본 이 그래프(106쪽) 기억하지요?

파란색 선은 국제유가입니다. 1년 전이 100이라고 치면,

2022년 10월 말은 112.6입니다. 1년 사이에 13%쯤 오른 거지요.

그런데 일본인들 입장에서는 계산이 달라집니다.

빨간색 선, 엔화로 환산한 국제유가는 146.13, 1년 사이에 46%나

뛰었습니다. 국제유가가 그냥 가만히 있다고 해도

일본인들은 계속해서 더 비싸게
석유를 사야 합니다.
달러-엔 환율이 대폭
올라 있기 때문입니다.

54 브렌트 원유가격(1년 전=100)

엔화로 환산한
국제유가

일본의 원유 1배럴 수입 비용
= 국제유가×달러-원 환율

국제유가
(브렌트 원유 선물가격)

160
140
120
100
80

12월
2021

3월
2022

6월

9월

아래 그래프는 일본의 소비자물가상승률입니다.

달러-엔 환율이 폭등했지만, 인플레이션에 아직 심각한 문제는

없어 보입니다. 2022년 11월 기준으로 일본의 소비자물가는 1년 전에 비해

3.8% 올랐습니다. 다른 나라들에 비해서는 여전히 굉장히 낮은

물가 상승 속도입니다. 그러나 일본 국민들의 생각은 다를 듯합니다.

그동안 1%도 채 되지 않는 인플레이션 환경에서 살아왔는데,

지금은 그보다 서너 배나 높은 물가상승률을 겪고 있기 때문입니다.

그래서 일본은행은 당초 0.25%에 설정해 놓았던

10년 만기 국채 금리 상한선을 0.50%로 전격 상향했습니다.

금리상승을 어느 정도 허용함으로써 환율과 물가에 미치는 압력을

줄이려는 시도였습니다. 그러나 YCC라는 뇌관을 제거한 것은 아니었습니다.

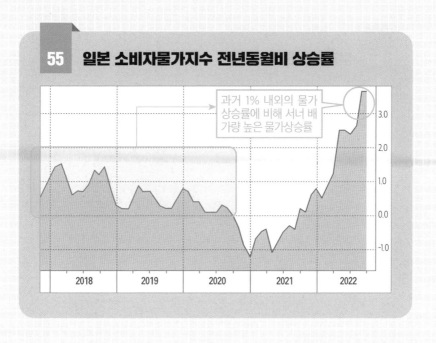

55 **일본 소비자물가지수 전년동월비 상승률**

과거 1% 내외의 물가 상승률에 비해 서너 배 가량 높은 물가상승률

다시 달러-엔 환율, 엔화에 대한 달러의 가치입니다.

만약 미국의 인플레이션이 잘 잡히지 않고 그래서 연준이 금리를 훨씬 더 많이 올려야 한다면 이 달러-엔 환율 역시 훨씬 더 많이 올라야 할 수 있습니다. 그러면 일본의 인플레이션은 수입물가를 따라서 훨씬 더 많이 높아지겠지요. 저물가에 익숙해져 있던 일본 경제에 심각한 충격이 될 수도 있습니다.

정부가 더 이상 견딜 수 없을 정도로 고물가에 대한 정치적 불만이 커질 수도 있습니다. 그래서 일본 외환당국은 최근 들어 수시로 대규모로 외환시장 개입에 나섰습니다. 그 때마다 환율이 휘청거리면서 꺾여 내려가지만 효과는 잠시 뿐이었습니다.

근본적인 문제, 거대한 금리차가 그대로이기 때문입니다.

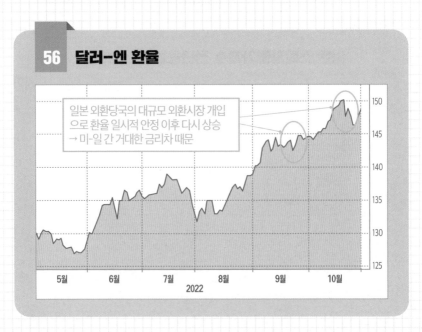

56 달러-엔 환율

일본 외환당국의 대규모 외환시장 개입으로 환율 일시적 안정 이후 다시 상승
→ 미-일 간 거대한 금리차 때문

2022

아래 그래프는 일본의 외환보유액입니다.
1조달러가 넘는 거대한 돈이지만
그보다 훨씬 거대한 외환시장 규모에 비하면
실탄은 새 발의 피에 불과합니다.

이미 많은 외환을 투입해 시장에 개입했지만 환율의 상승 추세에는 전혀 변화가 없었습니다.

그렇다고 해서 무작정 이 외환보유액을
승산 없는 게임에 다 소모해버릴 수는 없습니다.

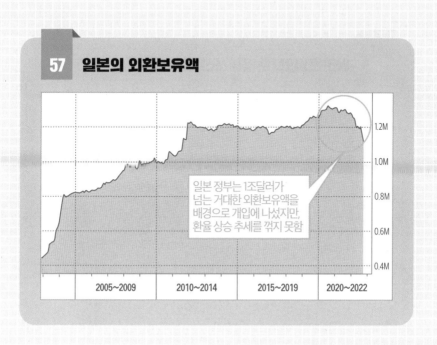

57 일본의 외환보유액

일본 정부는 1조달러가
넘는 거대한 외환보유액을
배경으로 개입에 나섰지만,
환율 상승 추세를 꺾지 못함

1.2M

1.0M

0.8M

0.6M

0.4M

2005~2009   2010~2014   2015~2019   2020~2022

다시 미국과 일본의 10년 만기 국채수익률을 살펴보겠습니다.
녹색 선 일본 국채수익률은 언제까지 계속해서
이렇게 0% 부근에 묶어 놓을 수 있을까요?
아마도 빨간색 선, 미국 국채수익률 향방에 좌우되겠지요.
그리고 미국의 금리는 인플레이션의 향방에 달려 있습니다.

두 나라의 금리차가 벌어지면 벌어질수록

달러-엔 환율, 일본 외환시장이 받는 스트레스는 커질 겁니다.
그로 인한 인플레이션 압력이 도저히 견딜 수 없는
지경으로 커지게 되면 일본은행은 결국

제로금리 YCC 정책을 폐기할 수도 있습니다.

58 일본은행의 '수익률곡선 통제(YCC)'

미국 10년 만기
국채 금리

수익률곡선 통제

일본 10년 만기 국채 금리

미국의 금리가
올라갈수록
미-일 간
금리차 커짐

2020 2021 2022

4.0
3.0
2.0
1.0
0.0

이것은 거대한 리스크 시나리오입니다.
인위적으로 눌려 있던 일본의 금리가
만약 스프링처럼 튀어 오른다면, 미국 금리 역시
위로 튕겨져 올라갈 수 있기 때문입니다.
제로 부근에 딱 붙어 있는 일본의 국채 금리는
미국 국채 금리가 너무 많이 올라가지 않도록 잡아주는
앵커 역할을 지금까지 해왔습니다.
그런데 그 닻이 풀리게 된다면
전 세계 국채 금리에 심각한 충격이
연쇄적으로 가해질 위험이 있습니다.

그 위험성을 미리 경고하는 듯한 현상이 최근에 있었습니다.
아래 그래프에서 파란색 선은 지난 번 제2강에서 다뤘던
영국 국채수익률(87쪽)입니다. 영국 재정정책 문제로 인해

영국의 국채 금리가 폭등세를 보이던 바로 그때, 미국의 10년 만기 국채수익률도 급등세를 타면서 끌려 올라갔습니다.

59 영국 국채시장 파동의 국제적 파급

영국 국채금리의 폭등세가 미국 국채수익률까지 강하게 끌어올림

미국의 10년 만기 국채수익률

영국 30년 만기 국채수익률

12월 2021   3월   6월   9월
2022

미국과 독일, 영국과 일본 국채시장은
제법 대체관계에 있기 때문에 한 쪽에서 크게 움직이면
다른 쪽으로도 파장이 쉽게 전달됩니다.
한 쪽이 채권을 싸게 팔면(높은 이자를 주면),
다른 쪽도 싸게 팔아야 하는 경쟁관계이기도 합니다.
만약 일본 국채 금리의 닻이 풀릴 경우
전 세계 국채 금리는 어떻게 될까요? 그런데 여기에서
우리가 주목해야 할 중요한 포인트가 있습니다.

영국과 일본 국채시장에 가해진
직접적인 또는 잠재적인 압박은
엔화, 파운드화에 가해진
달러의 압박과 연결돼 있다는 겁니다.

미국 경제의
화양연화

달러화 가치가 갑자기 너무 강해지면 생기는 문제가 또 있습니다.
달러로 빌린 돈을 갚기가 너무 힘들어지는 것입니다.
A기업이 1년 전 환율이 1170원일 때 100만달러를 빌렸다고
가정합시다. 우리 돈으로 환산하면 11억7000만원입니다.
그런데 2022년 10월 말에 만기가 됐습니다. 원금 100만달러를
갚아야 합니다. 다시 우리 돈으로 환산하면 14억2000만원이나 됩니다.
환율이 22% 올랐으니까, 달러로 빌린 돈의 원금도 우리 원화로
계산하니 단 1년 사이에 22%나 늘었습니다. 1년 전에
아무리 낮은 금리로 달러를 빌렸다 해도 아무런 소용이 없습니다.
원금의 22%나 되는 비용이 마치 이자처럼 새롭게 붙어버렸습니다.
이처럼 미국의 공격적인 금리인상은
금리 그 자체를 통해서, 그리고 또 환율을 통해서
추가적으로 미국 바깥의 금융환경을
급격하게 긴축합니다.
달러 빚이든, 자기나라 통화로 된 빚이든 부채를 많이 짊어지고 있는
경제주체는 지금 상당히 힘든 시기를 맞고 있습니다.
미국의 인플레이션이 빨리 안정되기를 바라는 수밖에 없겠습니다.

SUPER STRONG
DOLLAR POWER

_이미지는 영화 <슈퍼맨> 포스터를 패러디

그런데 달러화 강세가 단지 미국의 유별난 인플레이션
그것 하나 때문에 발생하는 것만은 아닙니다.
아래 그래프는 미국의 '교역조건지수'입니다.
수출물가가 수입물가에 비해 더 빠르게 오르는가,
아니면 덜 오르는가를 보여주기 위해
단순한 계산을 이용해 지수를 만들어봤습니다.

**미국의 경우는 가파른 각도로
지수가 우상향하고 있습니다.
수입물가보다 수출물가가
훨씬 빠른 속도로 상승 중입니다.**

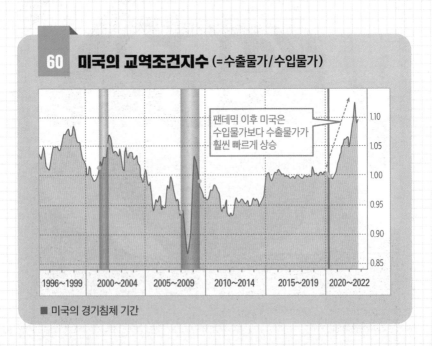

60 **미국의 교역조건지수** (=수출물가/수입물가)

팬데믹 이후 미국은
수입물가보다 수출물가가
훨씬 빠르게 상승

| 1996~1999 | 2000~2004 | 2005~2009 | 2010~2014 | 2015~2019 | 2020~2022 |

1.10
1.05
1.00
0.95
0.90
0.85

■ 미국의 경기침체 기간

수입물가는 개방경제의 원가에 해당합니다.
수출물가는 판매가격인 셈이지요.
원가에 비해 판매가격이 더 빠른 속도로 오른다면
무역을 통해서 버는 이윤이 커집니다.
똑같은 규모로 무역을 하더라도 돈을 더 많이 벌게 됩니다.
미국의 교역조건 향상은 원유와 석유제품, 천연가스 가격이
급등한 덕이 큽니다. 관련 수출물량도 크게 늘어서
지금 미국 경제는
에너지 호황을 누리고 있습니다.
무역으로 돈을 잘 버는 나라의 통화가치는
강해지는 게 순리입니다.

아래 그래프는 한국은행이 발표하는 우리나라 교역조건을
가공한 것입니다. '순상품 교역조건지수'를 1년 전과 비교했습니다.
전년동월비로 교역조건이 10% 가까이 악화했습니다.
교역조건은 수입물가에 대한 수출물가의
상대가격(=수출물가/수입물가)입니다.
우리는 미국과 달리 에너지를 모두 수입해야 합니다.

에너지 가격이 대폭 오르면
수입물가도 크게 상승해
교역조건이 나빠집니다.
원가가 대폭 상승하기 때문에
무역을 통해서 버는 돈이 줄어듭니다.

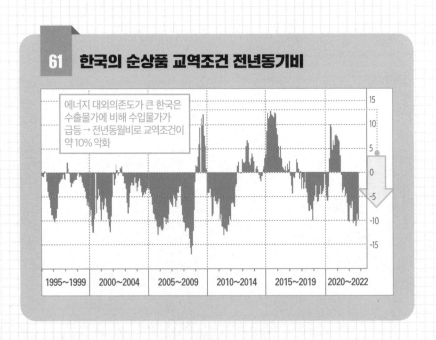

61 한국의 순상품 교역조건 전년동기비

에너지 대외의존도가 큰 한국은
수출물가에 비해 수입물가가
급등 → 전년동월비로 교역조건이
약 10% 악화

15
10
5
0
-5
-10
-15

1995~1999   2000~2004   2005~2009   2010~2014   2015~2019   2020~2022

우리나라의 무역수지는 적자로 돌아섰습니다.
우리 원화의 가치가 미국 달러에 대해
떨어질 수밖에 없는 무역환경입니다.
그렇게 해서 환율이 오르면 수입물가가 더욱 비싸집니다.
수입품 소비를 더 많이 줄이게 됩니다.
그러면 무역수지가 개선됩니다.

높은 환율은
'에너지 소비를 줄이라'는
시장의 경고음이기도 합니다.

제3강은 여기까지입니다.
위기에 관한 무시무시한 얘기도 여기까지입니다.
위기가 영원히 계속되지는 않겠지요?
다음 강의에서는 위기 이후에 앞으로
기대할 수 있는 기회를 살펴보겠습니다.
우선 4강에서는 '어떤 조건이 갖춰지면'
이 위기국면이 기회국면으로 바뀔 수 있을지를
한 번 모색해 보겠습니다.

LESSON

4

위기 이후, 기회 :
반등의 조건

반등의 기회는
언제 찾아올 것인가?

지난 강의까지는 우리 경제 앞에 놓인 심각한 경기침체 위험,
더 나아가 금융위기 리스크를 진단해 봤습니다.
그러나 위기가 영원히 지속되지는 않겠지요?
항상 그랬듯이, 경제는 사이클을 타면서 순환합니다.
심각한 경기침체의 위험이 역대급 경제 과열에서 비롯됐던 것처럼,
앞으로 우려되는 심각한 경기침체는
다시 강한 경제 반등으로 전환할 수도 있습니다.
산이 높으면 골이 깊듯이,
골이 깊으면 그 산도 높을 거라는 얘기입니다.
그래서 우리는 눈앞의 위험을 잘 관리하되, 동시에
멀리 내다보면서 기회를 미리 모색해 두는 게 좋겠습니다.

그렇다면 기회는 언제 열릴 것인가?
그것을 이번 제4강에서 집중적으로 다뤄보겠습니다.
한 마디로 결론을 내리면 아주 쉽습니다.
작금의 위기가 끝날 때가 바로 기회의 시작일 것입니다.
따라서 우리가 찾고자 하는 그 타이밍은
위기 종료 신호를 통해서 얻을 수가 있겠습니다.

경제 순환의 원리는
산이 높으면 골이 깊고
골이 깊으면 그 산이 높은
섭리와 다르지 않다
깊은 크레바스에 갇혀
수직한계(vertical limit)를
초월하기 위해 발버둥치는
인간의 본능은
하강압력이 강한 시장에서
위기를 벗어나기 위해
악전고투하며 새로운 기회를
모색하는 모습과 닮았다

_ 이미지는 영화 <버티컬 리미트> 포스터

먼저 아래 그래프를 살펴보겠습니다.

경제협력개발기구(OECD)가 매달 산출하는 '종합경기선행지수,

CLI(Composite Leading Indicator)'입니다.

경기 또는 경제라는 것은 좋아졌다가 나빠지고,

나빠졌다가 좋아지기를 반복합니다.

그렇게 등락하는 것을 두고

경기 사이클, 경기순환이라고 말합니다.

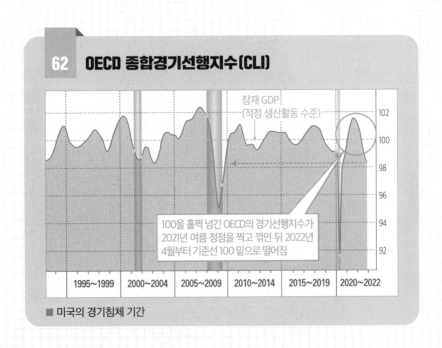

62 OECD 종합경기선행지수(CLI)

잠재 GDP
(적정 생산활동 수준)

102
100
98
96
94
92

100을 훌쩍 넘긴 OECD의 경기선행지수가
2021년 여름 정점을 찍고 꺾인 뒤 2022년
4월부터 기준선 100 밑으로 떨어짐

| 1995~1999 | 2000~2004 | 2005~2009 | 2010~2014 | 2015~2019 | 2020~2022 |

■ 미국의 경기침체 기간

왼쪽 CLI 그래프에서 나타나듯이 글로벌 경기는
물결을 치듯이 등락을 합니다. 기준선 100이 그 중심에 있습니다.
OECD의 경제학자들이 애초에 이 지표를 그렇게 만들었습니다.
OECD의 경제학자들이 제시한 기준선 100은 잠재 GDP입니다.
딱 적당하고 좋은, 지속가능한 정도의 생산활동 수준입니다.
이보다 높으면 과열입니다. 이보다 낮으면 경제가
제 실력만큼 충분히 가동되지 않는 상태입니다.
100을 훌쩍 넘어섰던 OECD의 경기선행지수가
2021년 여름에 정점을 찍은 뒤로
꺾여 내려오고 있습니다. 기준선 100 밑으로
떨어진 것은 2022년 4월부터입니다.

경기 사이클이라는 것은
관성이 있습니다.
한 번 이렇게 방향을 잡으면,
한동안 계속해서
그 방향을 유지하는 속성을 갖습니다.
내려가다가 한 두 달 만에
바로 올라가지는 않는다는 거지요.

앞서 '62. OECD 종합경기선행지수' 그래프를
좀 더 확대해서 자세히 살펴보겠습니다.
2022년 11월 현재 이 선행지수의 레벨은 98.31입니다.
팬데믹 셧다운 때를 제외하고 보면, 지금 이 지수의 높이는
금융위기 후유증이 한창이던 지난 2009년 8월 이후
13년여 만에 가장 낮은 수준입니다.

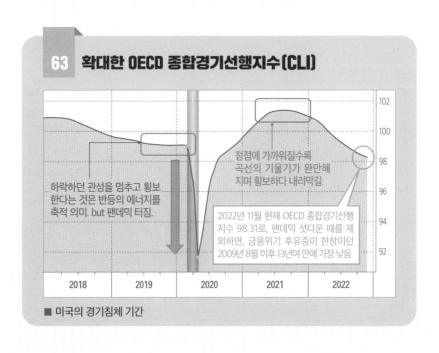

63 확대한 OECD 종합경기선행지수(CLI)

하락하던 관성을 멈추고 횡보
한다는 것은 반등의 에너지를
축적 의미. but 팬데믹 터짐.

정점에 가까워질수록
곡선의 기울기가 완만해
지며 횡보하다 내리막길.

2022년 11월 현재 OECD 종합경기선행
지수 98.31로, 팬데믹 셧다운 때를 제
외하면, 금융위기 후유증이 한창이던
2009년 8월 이후 13년여 만에 가장 낮음

2018   2019   2020   2021   2022

■ 미국의 경기침체 기간

지난 2020년 3월, 팬데믹으로 인해 전 세계 수많은 생산활동이
멈춰 섰을 때 이 지표는 아주 급격하게 추락했습니다.
그런데 그 쇼크가 가해지기 직전은 어땠을까요?

왼쪽 그래프에서 2018년 하반기부터 2019년 초까지를 보겠습니다.
경기가 꾸준히 하강하다가 그 하락세를 거의 멈추고
횡보를 하고 있었습니다.

하락하던 관성을 멈추고
옆으로 움직이는 것은
반등의 에너지를 축적하고
있음을 뜻합니다.
그러던 차에 팬데믹이 터진 것입니다.

그럼 2021년 여름을 또 한 번 보겠습니다.
정점에 가까워질수록 곡선의 기울기가 완만해집니다.
그러다가 횡보, 기울기가 제로(0)로 바뀌지요.
얼마 뒤 곡선은 내리막길을 탑니다.
내리막 기울기는 한동안 더 가팔라집니다.
모든 사이클이 이런 특성을 갖습니다.

경기 사이클의 특성을 이용해서

아래 그래프를 만들어 보았습니다.

경기순환의 강도가 어떻게 순환하는지를 보여줍니다.

이 그래프에서 y축, 세로축을 중심으로

오른쪽 영역은 선행지수가 상승하는 국면입니다.

그리고 왼쪽은 선행지수가 하락하는 국면입니다.

2022년 11월 현재는 하락하는 국면에 있습니다.

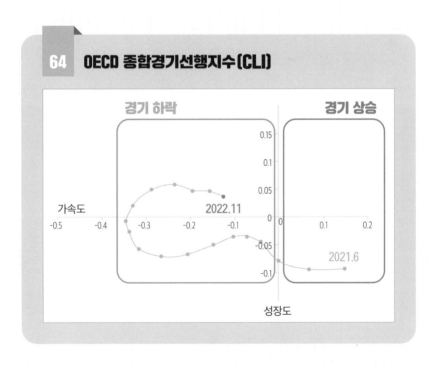

국면을 또 다르게 구분할 수도 있습니다.

경기가 상승할 때이든, 하락할 때이든

그 속도가 가팔라지는 구간이 있겠지요.

또 상승할 때이든, 하락할 때이든

그 속도가 완만해지는 구간도 있을 것입니다.

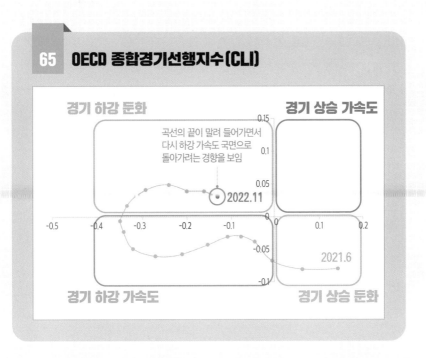

앞쪽 65번 그래프를 좀 더 자세히 살펴보겠습니다.

이 그래프에서 오른쪽 위, 1시 방향은 경기가 상승하고 있고

그 상승 속도가 가팔라지는 국면입니다.

경기 상승 가속도 구간입니다.

그리고 이 그래프의 왼쪽 아래, 7시 방향은 경기가 하락하고 있고

그 하락 속도가 가팔라지는 국면입니다.

경기 하강 가속도 구간입니다.

오른 쪽 아래, 5시 방향은 경기가 상승하고는 있지만

상승 기울기가 둔화하는 국면입니다.

그리고 왼쪽 위, 11시 방향은 경기가 하강하고는 있지만

그나마 하강 기울기는 다행히도 완만해지는 구간입니다.

2022년 11월이 바로 여기에 위치해 있습니다.

경기가 계속 하강 중이긴 한데 그 속도는 완만해지고 있다는

것이지요. 그런데 문제는, 곡선의 끝이 말려 들어가면서

다시 하강 가속도 국면으로 돌아가려는 경향을 보인다는 점입니다.

보통은 하강속도가 둔화하던 경기는
반등을 시작하면서 상승 가속도를 내는
패턴을 보이는데, 이번에는
침체가 다시 심해질 조짐을
보이고 있는 것입니다.

OECD 종합경기선행지수는 이름 그대로 '선행하는' 지수입니다.
경기 사이클의 변화를 앞서서 미리 보여준다는 것이지요.
애초에 그렇게 쓸 목적으로 이 지수를 만들었습니다.
만약에 이 그래프가 방향을 돌려서 반등해 올라간다면,
실제 OECD, 주요국들의 경기도 머지않아 바닥을 치고
살아날 거라고 예상할 수 있습니다.
그럼 그 '머지않아'라고 하는 시차는 얼마 정도일까요?
OECD의 이코노미스트들은 대략

6개월 내지 9개월 앞을 미리 내다보는 것

을 목표로 해서 이 선행지수를 만들었다고 설명합니다.

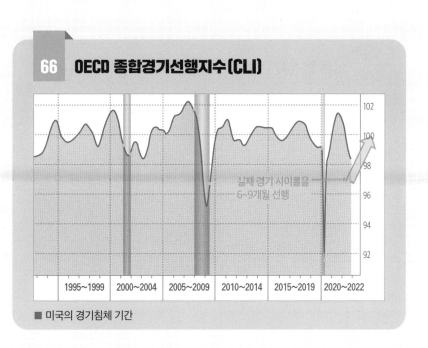

66 OECD 종합경기선행지수(CLI)

실제 경기 사이클을
6~9개월 선행

1995~1999 2000~2004 2005~2009 2010~2014 2015~2019 2020~2022

■ 미국의 경기침체 기간

아래 그래프의 빨간색 선은 계속해서
OECD 경기선행지수입니다.
거기에 녹색 선 하나가 더 붙었습니다.
경기선행지수와 마찬가지로
100을 가운데 두고 올라갔다가 내려갔다가
순환하는 특성을 갖고 있네요.
바로 미국 '금융환경지수(Financial Conditions Index)'입니다.
골드만삭스가 개발한 지수입니다.

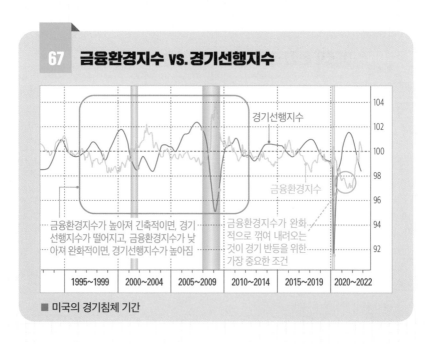

67 금융환경지수 vs. 경기선행지수

경기선행지수

금융환경지수

금융환경지수가 높아져 긴축적이면, 경기
선행지수가 떨어지고, 금융환경지수가 낮
아져 완화적이면, 경기선행지수가 높아짐

금융환경지수가 완화
적으로 꺾여 내려오는
것이 경기 반등을 위한
가장 중요한 조건

| 1995~1999 | 2000~2004 | 2005~2009 | 2010~2014 | 2015~2019 | 2020~2022 |

■ 미국의 경기침체 기간

이 녹색 선, 금융환경지수가 내려가면
돈을 구해 쓰기가 좋은 환경이란 뜻이 됩니다.
팬데믹 위기 당시에 아주 역대 최저 수준으로 떨어진 걸
볼 수가 있습니다. 금융환경이 굉장히 완화적이어서
돈 값이 거의 바닥에 떨어져 있었단 뜻입니다.
당시에 "현금은 쓰레기다!" 이런 주장까지 등장했지요.
역대급 인플레이션이 발생한 이유를 알 수가 있습니다.
하지만, 최근에는 정반대로 이 금융환경지수가 역대급으로
빠르게 올라갔습니다. 금융환경이 그만큼 급격하게
긴축되었다는 의미가 됩니다. 굉장히 가파른 기울기입니다.
이러다 뭔가 부러지겠다는 말이
나오는 까닭입니다.

그런데 이 빨간색 선(OECD 경기선행지수)과 녹색 선(금융환경지수)을
서로 견주어 보면 눈에 띄는 패턴이 있습니다. 둘은 마치 자석의
N극과 S극인 것처럼 완전히 정반대 방향으로 움직입니다.
금융환경지수가 높아져 긴축적이면, 경기선행지수가 떨어집니다.
금융환경지수가 낮아져 완화적이면, 경기선행지수가 높아집니다.
금융환경이 완화적으로
꺾여 내려오는 것이 경기 반등을 위한
가장 중요한 조건이라는 사실을
알 수가 있습니다.

자 그럼 여기서 '금융환경'이란 게 무엇인지
좀 더 자세히 들여다보고 가겠습니다. 금융환경이란 것은,

자금을 조달할 수 있는 환경, 여건을 뜻합니다.
돈 구하기가 쉽고 그 비용이
저렴한가, 아닌가를 지수로 만들어서
숫자로 보여주는 게 금융환경지수입니다.

'자금 조달이 쉽고 비용도 저렴하다면 금융환경이 완화적이다'
이렇게 표현합니다. 그 반대면, 긴축적이라고 말합니다.
지금 같은 때이지요.

골드만삭스의 금융환경지수를 만드는 재료로는,

① 무위험 금리, 그러니까 국채수익률이 있습니다. 그리고

② 환율, 그러니까 달러화 가치가 들어갑니다. 또

③ 주식의 가치가 아주 중요한 요소가 됩니다. 아울러

④ 신용 스프레드 역시 필요합니다.

금융환경지수(Financial Conditions Index)
- ▶ 자금을 조달할 수 있는 환경 또는 여건
- ▶ 돈 구하기가 쉽고 그 비용이 저렴한가?

골드만삭스가 금융환경지수를 만드는 주재료들 UP&DOWN
- ▶ 무위험 금리(국채수익률) → **UP**
- ▶ 환율(달러화 가치) → **UP**
- ▶ 주식 밸류에이션 → **DOWN**
- ▶ 신용 스프레드(신용도가 다른 채권 사이의 금리차) → **UP**

신용 스프레드(credit spread)는,
신용도가 서로 다른 채권 사이의 금리 차이를 뜻합니다.
회사채와 국채의 금리차 뭐 그런 것이지요.
회사채는 국채보다 신용이 낮으니까 돈 빌릴 때
이자를 더 줘야합니다. 같은 회사채들 사이에도
신용도에 따라 금리차가 당연히 존재하기 마련입니다.
중앙은행의 금리인상은 이 금융환경을
전반적으로 긴축하는데 목적이 있습니다.
미국 연준이 금리를 대폭 인상하면
미국 국채수익률이 따라서 상승합니다.
금융환경이 긴축됩니다. 달러화 가치도 상승합니다.
주식의 밸류에이션은 떨어집니다.
그리고 신용 스프레드도 벌어집니다.
신용도가 낮은 회사가 물어야 하는 금리는
국채 금리보다 더 큰 폭으로 오른다는 뜻입니다.

경기가 반등하려면 아래 그래프의 녹색 선,
금융환경이 꺾여 내려와서 완화적으로 바뀌어야 합니다.
그런데 아직은 미국 연준이 이 파란색 선, 정책금리를
인상하고 있는 사이클에 있습니다. 따라서 당장은
**금융환경이 언제
추세적으로 완화돼서
경기선행지수가 반등해 올라갈지
가늠할 수 없는 상황입니다.**

68 **미국 금융환경지수 vs. 연방기금금리**

금융환경지수

연방기금금리

■ 미국의 경기침체 기간

금리인상을
끝장내기 위한
세 가지 조건

그렇다면 미국 연준은 금리를 언제 다시 내릴까요?

그 답을 얻으려면 금리인상을 언제 끝낼 것 같은지를 먼저 답해야 합니다.

미국 연준의 제롬 파월 의장은 2022년 9월 기자회견에서

금리인상을 종료하기 위해서는 세 가지 조건이 필요하다고 밝혔습니다.

① 경제성장률이 한동안 계속해서 잠재성장률보다 낮게 유지되고,

② 노동시장의 수요와 공급 균형이 개선되어야 하며,

③ 인플레이션이 2%로 다시 떨어지고 있다는 명백한 증거를 얻어야 한다

고 밝혔습니다. ①이 충족되면, ②도 달성할 수가 있을 겁니다. 그리고

①과 ② 모두 충족돼야 궁극적으로 ③ 역시 가능해질 것이라고

연준은 생각하고 있습니다. 물가를 잡는 게 궁극적인 목표입니다.

결국 금리를 인하해서 경기를 다시 부양하기 위해서는

인플레이션이 목표를 향해서 다시 떨어지고 있다는

굉장히 분명한 확신을 먼저 가져야 한다고 연준 의장은 밝혔습니다.

금융환경이 다시 완화적으로 바뀌고 경기가 반등하기 위해서는

먼저 인플레이션이 잡혀야 합니다. 그게 지금 현재 설정돼 있는

절대적인 전제조건입니다. 그렇게 금리를 다시 내리기 이전에

먼저 금리인상 속도를 낮추고 긴축 사이클을 끝내야겠지요.

연준 의장이 말한 세 가지 전제조건을 하나씩 짚어 보겠습니다.

▶ 금리인상 종료 조건

① 잠재 수준을 밑도는 경제성장세 지속

② 노동시장 수요-공급 불균형 개선

③ 인플레이션이 떨어지는 명백한 증거

▶ 금리인하로 선회할 수 있는 조건

"인플레이션이 2%로 다시 낮아지고 있다는 분명한 확신을 갖기를 원한다!"

_ 2022년 9월 22일 제롬 파월 미 연준 의장

명백한 증거와
분명한 확신이
반드시 필요하다!

아래 그래프는 연준 의장이 제시한 첫 번째 조건, 경제성장률입니다.

연준이 판단하기에 미국의 잠재성장률, 그러니까 별다른 무리 없이

지속적으로 달성할 수 있는 성장속도는 1.8%입니다.

2021년 말까지는 실제성장률이 잠재성장률을 계속해서

엄청나게 웃돌았습니다. 인플레이션이 발생한 원인입니다.

다행히 2022년 1분기와 2분기에는 성장률이 마이너스로 돌아섰습니다.

잠재성장률을 대폭 밑돌았던 것입니다.

하지만 2022년 3분기 들어서 미국의 경제성장률은 다시 플러스 3.2%로

올라섰습니다. 잠재성장률 1.8%를 제법 크게 웃돌게 됐습니다.

미 연준이 희망하는 것과는 정반대 방향입니다.

원유와 석유제품, 천연가스 같은 에너지 수출이 호황이라서 경제성장률이

역주행 했습니다. 연준이 긴축의 고삐를 함부로 풀기가 어렵게 됐습니다.

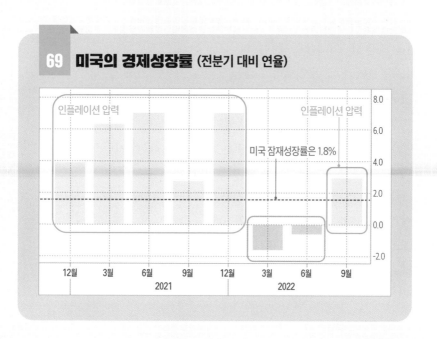

69 미국의 경제성장률 (전분기 대비 연율)

앞쪽에서 미국 경제성장률이 2022년 3분기에 3.2%로 높아졌음을
확인했습니다. 여기서 3.2%는 '전분기 대비 연율' 기준입니다.
이게 무슨 의미인지를 간략히 살펴보도록 하겠습니다.
우리나라는 경제성장률을 단순히 '전분기 대비'로 표기합니다.
'전기 대비' 또는 '전기비'라고 표현하기도 합니다. 같은 말입니다.
지난 3분기에 우리나라 경제는 전분기 대비 0.3% 성장했습니다.
실질 국내총생산(real GDP)이 2분기에 비해 0.3% 늘어났다는 뜻입니다.
미국의 경우는 3분기에 전분기 대비 연율 3.2% 성장했습니다.
한국은 0.3%인데 미국은 3.2%이니까 미국의 성장이 훨씬 강했구나,
이렇게 수평으로 비교하면 곤란합니다. 산출기준이 다르니까요.
한국은 전분기 대비, 미국은 전분기 대비 연율, 이렇게 기준이
서로 다른 데도 불구하고 같은 잣대로 비교할 수는 없습니다.
우리나라의 성장률을 미국처럼 전분기 대비 연율로 표시하려면
계산을 해봐야 합니다. 0.3%에 해당하는 숫자 0.003에다
1을 더한 뒤에 4제곱을 해 줍니다.
1년은 분기가 네 번 있으니까 4제곱입니다.
그러면 1.012054가 나옵니다. 여기서 1을 다시 뺀 숫자를 퍼센트로
바꾸면 반올림해서 대략 1.21%가 됩니다.
우리나라의 3분기 전분기 대비 연율 성장률은 1.21%입니다.
이제 미국과 수평으로 비교할 수 있습니다.
'전분기 대비 연율'이라는 것은 '전분기 대비' 성장률을
연간 상승률로 환산했다는 의미입니다.
전분기 대비 성장률 0.3%가 1년 내내, 즉 4개 분기 동안
계속 유지될 경우 연간 성장률은 1.21%가 된다는 뜻입니다.

경제성장률의 표기

▶ 한국
→ 3분기 중 전분기 대비 0.3% 성장
  = 실질 GDP가 2분기에 비해 0.3% 증가
▶ 미국
→ 3분기 중 2분기 대비 연율 3.2% 성장
▶ 한국
→ 전분기 대비 연율 : $(0.003+1)^4 = 1.012054 \rightarrow 1.21\%$

* 전분기 대비 연율 : 전분기 대비 성장률이 1년간 지속됐을 때의 성장률

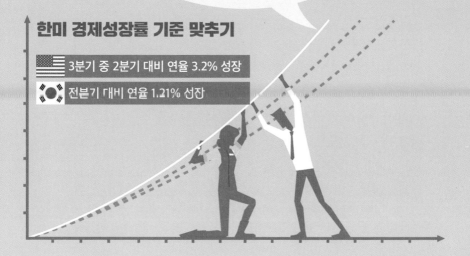

두 나라의 경제성장률
산출기준이 다른데
같은 잣대로 비교하면 곤란!
기준을 맞춰야 한다고!

한미 경제성장률 기준 맞추기

3분기 중 2분기 대비 연율 3.2% 성장

전분기 대비 연율 1.21% 성장

그럼 여기서 잠깐, '잠재성장률'이란 개념을 이해하고 넘어가는 게 좋겠습니다. 아래 그래프에서 빨간색 선은 미국 경제가 실제로 생산한 양, 실제로 달성한 실질 국내총생산 성과, 실제 GDP입니다.

실제 GDP가 늘어나는 속도 그러니까,

이 빨간색 선의 기울기가 우리가 보통 말하는

경제성장률 입니다. 주어진 시간 동안 예를 들어

1년 동안 GDP가 얼마나 늘어났는가,

즉 가로 분의 세로, 이 기울기가 바로 경제성장률입니다.
잠재성장률 역시 그런 식입니다. 파란색 선으로 표시한 것은
잠재 GDP입니다. 그 잠재 GDP가 증가하는 속도,
파란색 선의 가로 분의 세로 기울기가 잠재성장률입니다.

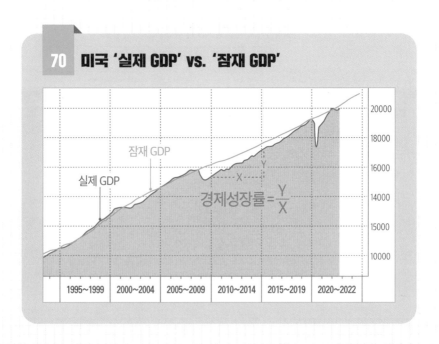

70 **미국 '실제 GDP' vs. '잠재 GDP'**

빨간색 선이 파란색 선보다 가파른 기울기로 성장하면
결국 파란색 선보다 훨씬 높은 위치로 올라섭니다.
**실제 GDP가 잠재 GDP보다 높은 상태,
과열입니다.**
이걸 해소하려면 빨간색 선의 기울기가 한동안 계속해서
파란색 선의 기울기보다 완만해져야 합니다.
**실제성장률이 잠재성장률보다
낮은 상태를 일정기간 지속해야 한다**
는 연준 금리인상 중단의 첫 번째 '조건'이 그래서 나온 겁니다.

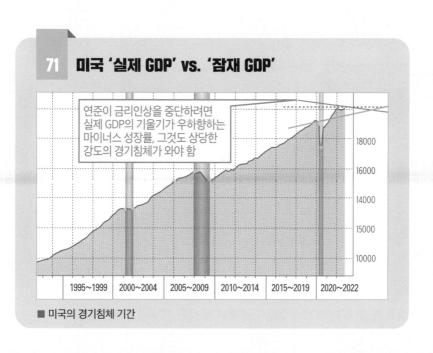

71 미국 '실제 GDP' vs. '잠재 GDP'

> 연준이 금리인상을 중단하려면
> 실제 GDP의 기울기가 우하향하는
> 마이너스 성장률, 그것도 상당한
> 강도의 경기침체가 와야 함

18000

16000

14000

15000

10000

1995~1999   2000~2004   2005~2009   2010~2014   2015~2019   2020~2022

■ 미국의 경기침체 기간

지난 번 1강에서 설명했듯이 미국의 잠재 GDP는
당초에 파악했던 것보다 훨씬 낮은 것으로 추정되고 있습니다(50쪽).
그렇다면, 미국의 실제 GDP는 잠재 GDP를 당초에 파악했던 것보다
훨씬 크게 웃돌고 있겠지요? 인플레이션 압력이
당초에 파악했던 것보다 훨씬 더 강하다는 의미입니다.
따라서 앞쪽 그래프 빨간색 선의 기울기, 미국의 경제성장률은
훨씬 더 오랫동안 잠재 GDP 기울기보다 완만한 상태를 지속해야 합니다.
그런데 우리가 보기에는 단순히 완만한 게 아니라

기울기가 우하향하는 과정,
그러니까 마이너스 성장률,
그것도 상당한 강도의 경기침체가 필요합니다.

금리인상 행진을 멈추는 두 번째 조건은
노동시장의 수요와 공급이 균형을 회복하는 것이었지요.
가장 중심이 되는 판단지표가 바로 실업률입니다.
실업률이 지금처럼 역대급으로 낮다는 것은 가용한 노동력,
노동력의 공급이 부족하다는 것을 뜻합니다. 경제성장이 다시 살아나서
노동력에 대한 수요는 굉장히 강한데 말이지요.
미국 연준은 이 실업률이 4.0% 정도가 되면 딱 적당한 상태라고 봅니다.
그보다 실업률이 낮으면 임금이 지나치게 올라서
인플레이션을 자극한다는 것입니다. 여기에서 그 4.0%를
'자연실업률(Natural Rate of Unemployment)' 또는
'인플레이션을 가속화하지 않는 실업률(NAIRU: Non-Accelerating Inflation
Rate of Unemployment)'이라고 부릅니다.
잠재 GDP 또는 잠재성장률과 굉장히 유사한 개념입니다.

그런데 작금의

인플레이션을 잡으려면
실업률을 일단 그 4%보다
제법 더 높이 올려야 할 것 같다

고 연준은 생각하고 있습니다. 그렇게

실업자가 좀 과하다 싶을 정도로
늘어야 임금이 떨어지고
물가도 잡힌다고 보는 겁니다.

아직 가야 할 길이 한참 남아 있습니다.

72 미국의 실업률

연준이 의도하는 실업률

자연실업률

14.0
12.0
10.0
8.0
6.0
4.0

2018   2019   2020   2021   2022

■ 미국의 경기침체 기간

미국 연준이 금리인상을 중단하는 세 번째 조건,
인플레이션을 한 번 살펴보겠습니다.
미국 연준은 소비자물가지수(CPI)가 아닌
개인소비지출(PCE) 물가의 상승률을
인플레이션의 기준 지표로 삼습니다.
이 PCE 물가상승률 2.0%를 목표로 하는 것이지요.
그런데 지금 이 PCE 인플레이션은 연준의 목표보다
3배나 높은 수준을 기록하고 있습니다. 목표를 향해서
꺾여 내려오고 있다고 볼 만한 근거가 아직은 뚜렷하지 않습니다.

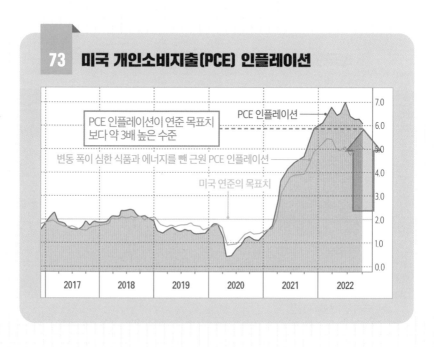

73 미국 개인소비지출(PCE) 인플레이션

PCE 인플레이션

PCE 인플레이션이 연준 목표치
보다 약 3배 높은 수준

변동 폭이 심한 식품과 에너지를 뺀 근원 PCE 인플레이션

미국 연준의 목표치

경제성장률이 다시 3% 가까이로 뛰어오르고
실업률은 여전히 매우 낮은 와중에
인플레이션만 홀로 빠르게 떨어질 거라고 기대하는 것은
사실 이치에 맞지 않습니다. 보통은,
① 중앙은행의 긴축으로 인해 소비와 투자, 경제의 총수요가
약해지면 생산활동의 증가율, GDP 성장률이 꺾입니다.
② 그러면 노동시장 수요가 위축되고 임금 인플레이션이 낮아집니다.
③ 그런 조건 하에서 물가상승률도 낮아진다는 게 통상적인 흐름입니다.
즉 인과관계, 순서가 있다고 보는 겁니다. 금리인상 종료를 위해
연준이 제시한 '세 가지 조건'이 그렇게 설정된 것입니다.

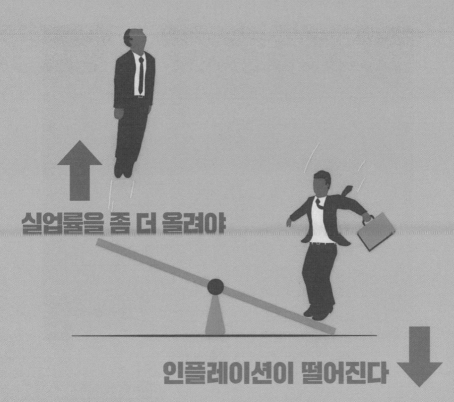

실업률을 좀 더 올려야

인플레이션이 떨어진다

경기침체를 기다리는 웃픈 현실

안타깝게도 우리는 빨리 경기침체가 왔으면 좋겠다는 듯이
리세션을 기다리는 처지가 됐습니다.
경기가 침체에 빠져야 노동력에 대한 수요가 줄어들고
그래야 임금과 물가의 인플레이션도 꺾여 내려가
중앙은행이 경제를 다시 띄우겠다고 나설 수 있으니까요.
그 경기침체 도래 시기를 가늠할 수 있는 다양한 수단이 있는데,
그 중 하나가 바로 이 장단기 금리차입니다.

장단기 금리의 역전현상

▶ 정상적인 경제 환경
→ 장기 금리 〉단기 금리
  * 장기 금리에는 미래 불확실성을 반영한 '프리미엄'이 포함

▶ 경기침체가 예상되는 경우
→ 장기 금리 〈 단기 금리
  * 단기 금리 : 당장의 높은 정책 금리 반영 ⇧
  * 장기 금리 : 긴 만기 동안의 정책 금리 예상치를 모두 반영 ⇩

Waiting for Recession

아래 그래프는 미국 국채 10년 만기 금리에서
2년 만기 금리를 뺀 값입니다.
현재 마이너스(-) 아주 깊은 곳으로 곤두박질쳐 있습니다.
장단기 금리차가 이렇게 마이너스라는 것은
10년 만기의 장기 금리가
2년 만기의 단기 금리보다 낮다
는 뜻이 됩니다. 이런 현상이 두드러지게 나타나면,
경기침체가 가까워지고 있다고 보고
대비하는 게 좋습니다.

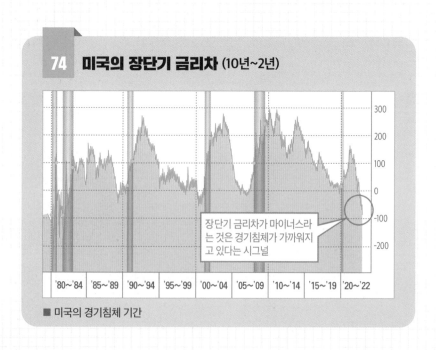

74 미국의 장단기 금리차 (10년~2년)

장단기 금리차가 마이너스라는 것은 경기침체가 가까워지고 있다는 시그널

'80~'84 '85~'89 '90~'94 '95~'99 '00~'04 '05~'09 '10~'14 '15~'19 '20~'22

■ 미국의 경기침체 기간

별 문제가 없는 정상적인 경제환경에서는

대개 만기가 긴 장기 금리가 만기가 짧은 단기 금리보다 높습니다.

그게 보통이고 정상이라고 봅니다. 당연한 일이지요.

돈을 오래 빌려주려고 생각하다 보면 뭔가 좀 마음에 걸리는 게

있지 않겠습니까? 10년 동안 무슨 일이 생길지 모르는데

어떻게 내 귀한 돈을 그렇게 길게 함부로 빌려주겠어요?

정 빌려주려면, 보험료 삼아서, 이자에 프리미엄을 붙여서

많이 받아야 합니다. 하지만

경기침체를 앞두고는 장기 금리보다
단기 금리가 더 높습니다.
'경기침체가 머지않아 찾아오겠구나'라고
채권을 거래하는 사람들이 공통적으로 예상하면
장단기 금리는 역전이 됩니다. 단기 금리는
중앙은행의 정책금리를 거의 그대로 반영합니다.

인플레이션을 낮추기 위해서는 중앙은행이 금리를 굉장히 높게

인상합니다. 그러면 단기 금리는 장기 금리보다 상대적으로

더 빠른 속도로 올라갑니다. 장단기 금리차가 줄어듭니다.

그렇게 중앙은행이 금리를 많이 올리다 보면 장단기 금리는

결국 역전됩니다. 그 과정에서 장기 금리는 오히려 떨어지는 때가

옵니다. 중앙은행의 긴축이 과도해서 경제가 곧 침체에 빠지고

금리는 다시 인하될 거라고 채권시장 참가자들이 보는 겁니다.

장기 금리는 그 긴 '만기기간 동안 예상되는 단기 금리의 평균'입니다.

단기 금리가 당장은 아주 높지만 머지않아 지금보다는

낮아질 거라고 보는 경우 장기 금리는 하락합니다.

그래서 장단기 금리는 역전이 되거나 역전이 심화합니다.

미국 10년물과 2년물 금리차 그래프를 다시 한 번 보겠습니다.
2000년대 초 경기침체 직전에, 그리고 2000년대 후반 금융위기
발생 직전에 장단기 금리차가 마이너스로 떨어진 것을,
역전이 된 모습을 바로 아래 그래프에서 관찰할 수 있습니다.
지금의 역전 수준을 봐서는 이번에도 역시
'경기침체가 멀지 않았구나'라고 감지를 할 수 있습니다.
그런데 과거의 사례를 자세히 살펴보면,
경기침체 직전에는 장단기 금리차가 다시 급하게 꺾여 올라가는 것을
확인할 수 있습니다. 이 역시 매번 반복되는 패턴입니다.
경기침체가 그야말로 '눈앞에' 닥쳤다는 아주 신뢰할 만한 신호입니다.
그 이유를 한 번 살펴보겠습니다.

75 **미국의 장단기 금리차** (10년~2년)

경기침체 직전에
장단기 금리차가
급격히 꺾여 올라감

■ 미국의 경기침체 기간

아래 그래프는 미국의 2년 만기 국채수익률입니다.
앞에서 '단기 금리'라고 했던 바로 그 금리입니다.
빨간색 띠 영역으로 표시한 경기침체기 바로 직전에
급격하게 하락하는 모습을 볼 수 있습니다. 단기 금리가 급격하게
하락한 결과로 장단기 금리차(=장기 금리-단기 금리)가
다시 위로 벌어지는 겁니다(역전이 줄어듦).

경기침체가 닥치기 '바로 전'에
매번 예외 없이 나타나는 현상입니다.

76 미국 2년 만기 국채수익률

단기 금리가 급격하게
하락한 결과로 장단기
금리차가 다시 커짐

1995~1999 2000~2004 2005~2009 2010~2014 2015~2019 2020~2022

7.0
6.0
5.0
4.0
3.0
2.0
1.0
0.0

■ 미국의 경기침체 기간

앞에서 단기 금리는 중앙은행 정책금리를 반영한다고 말했습니다. 경기가 너무 나빠져서 중앙은행이 조만간 금리인하로 선회할 것 같다고 예상되면 단기 금리는 이렇게 급락하기 시작합니다. 실제로 중앙은행이 금리를 인하하기 시작하면 단기 금리 하락세가 더욱 가팔라집니다.

그런데, 이번 사이클에서는 미국 단기 금리가 아직 그런 식으로 꺾일 조짐이 없습니다. 당장에는 경기침체가 눈앞에 닥쳤다고 볼 만한 근거가 없다는 의미입니다.

미국 워싱턴 D.C에 소재한 연준(FED)

장기 금리와 단기 금리는 종류가 많습니다.

10년물과 2년물 금리를 비교하기도 하고,

아래 그래프처럼 30년물과 5년물의 금리차를 보기도 합니다.

패턴은 별 차이가 없습니다.

경기침체를 앞두고는 장단기 금리차가 마이너스로 역전됐다가, 경기침체에 닥쳐서는 급격히 꺾여 올라갑니다.

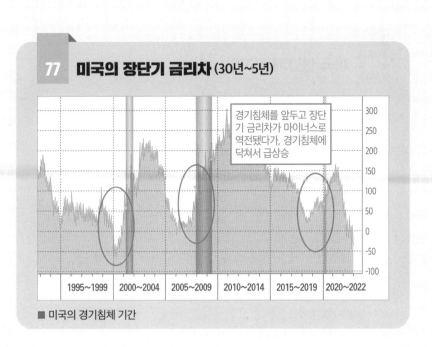

77 미국의 장단기 금리차 (30년~5년)

> 경기침체를 앞두고 장단기 금리차가 마이너스로 역전됐다가, 경기침체에 닥쳐서 급상승

1995~1999 2000~2004 2005~2009 2010~2014 2015~2019 2020~2022

■ 미국의 경기침체 기간

중앙은행이 금리를 인하하기 시작한다면
곧 경제가 활기를 되찾을까요?
금리인하가 시작되면서 단기 금리가 급히 꺾여 내리고,
장단기 금리차가 다시 급히 꺾여 올라가는 이 시점이
어쩌면 더 깊은 암흑일 수 있습니다.
바로 눈앞에 경기침체라고 하는 아주 짙은
먹구름이 보이기 시작하는 때입니다.
막상 경기침체가 닥치면 이 침체가 얼마나 깊고
오래 전개될 지 아무도 알 수가 없습니다.
그렇게 불확실성이 고조되면 경제활동은 더욱 위축됩니다.
그래서 경기침체는 더 깊어집니다.

78 미국 연방기금금리

연준의 정책금리가 인하되기 시작한다는 것은 이제 곧 경기 침체가 시작된다는 신호

경기침체에서 벗어나는 시점은 중앙은행의 금리 인하가 거의 다 이뤄진 때

■ 미국의 경기침체 기간

제4강은 위기 이후의 기회를
모색하기 위한 시간입니다.
그 중에서도 첫 번째, 경제의 반등은 언제 찾아올지,
그 조건을 살펴봤습니다.
그런데 조금 전에 목도했듯이 중앙은행의 금리인하 개시는
그 자체로는 결코 좋은 소식이 되지 못합니다.

파란색 선, 연준의 정책금리가
인하되기 시작한다는 것은
이제 곧 경기침체가 시작된다는
경고일 뿐입니다.
빨간색으로 표시된 영역이
끝나는 지점, 그러니까
경기침체에서 벗어나는 시점은,
중앙은행의 금리인하가
충분히, 거의 다 이뤄진 때입니다.

앞으로 우리가 넘어야 할 산이 이렇게 많이 남았습니다.
그래도 어떤 산을 넘어야 하는지를 미리 이렇게 조망하면서
준비를 하다 보면, 반등의 시기가 금세 찾아오리라 믿습니다.

다음 제5강은 반등을 이끌어 줄 결정적인 동력,
금리와 달러의 대대적인 하락세를 주제로 살펴보겠습니다.

LESSON
5

위기 이후, 기회 :
금리와 달러의
대대적 하락

금리인하 조짐 :
반등의 시그널

경제가 언제 바닥을 치고 반등할 것인가? 우리에게 그 기회는
언제 어떻게 올 것인지를 계속해서 다뤄보도록 하겠습니다.
지난 번 제4강에서는 경제가 반등할 수 있는 조건을 살펴봤습니다.
일단은, 미국 연방준비제도가 금리를 다시 내리기 시작해야
그 조건이 갖춰지기 시작한다는 사실을 규명한 바 있습니다.
하지만 금리가 충분히 인하되기까지 한동안은
깊은 침체의 고통이 계속될 수밖에 없겠습니다.

이번 제5강에서는 그 고통 속에서 잉태되는 새로운 기회에 관해서
본격적으로 살펴보겠습니다. 지난 번 제4강에서 우리는
오른쪽 그래프를 중심에 놓고 반등의 조건을 알아봤습니다(140쪽).

미국 금융환경이 완화되기 시작하면,
정확히 바로 그 때 우리를 포함한
글로벌 경제 사이클 역시
반등할 준비를 시작한다는 겁니다.

예를 들어 빨간색 선, 골드만삭스 금융환경지수가 꺾여 내리면,
주황색 선, OECD 경기선행지수가 회복을 시작합니다.
그런데 그 금융환경이란 것은 주로
금리와 달러 환율에 의해서 결정됩니다.

미국 금리가 다시 인하되고
달러가 떨어지기 시작하면
글로벌 경제는 곧 살아나게 됩니다.

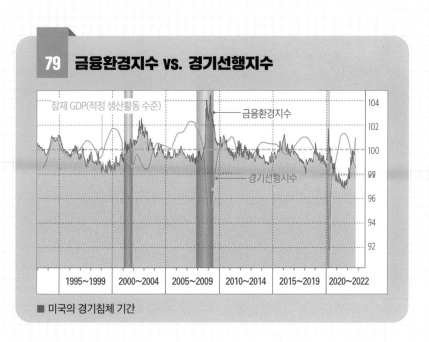

79 금융환경지수 vs. 경기선행지수

- 잠재 GDP(적정 생산활동 수준)
- 금융환경지수
- 경기선행시수

1995~1999 2000~2004 2005~2009 2010~2014 2015~2019 2020~2022

104
102
100
98
96
94
92

■ 미국의 경기침체 기간

아래 그래프의 빨간색 선은, 미국 10년 만기 국채수익률입니다.

전 세계 민간시장에서
거래되는 금리 중에서
가장 중요한 금리입니다.

그리고 파란색 선은, 연방준비제도가 결정하는 정책금리,
연방기금금리 목표 범위의 상단입니다.

10년 만기 국채수익률에 아주 결정적인 영향을 미칩니다.

80 미국 만기 10년 국채수익률 vs. 연방기금금리

미국 금리가 다시 하락하는 것,
그리고 달러도 역시 떨어지는 것,
이 두 가지가 왜 경기회복에 중요한 지는
앞선 강의를 통해 쉽게 유추할 수 있습니다.
지금 전 세계가 겪고 있는 미국 금리인상과 달러화 강세 충격이
반대 방향으로 돌아서는 것이니까요.

먼저 미국 금리를 한 번 살펴보겠습니다.
앞으로 금리가 '인하'로 돌아서게 되면
얼마나 많이, 빠르게 내려질까요?
그걸 상상해 보려면, 지금의 금리 '인상' 사이클이
어디까지 갈 것인지를 주의 깊게 볼 필요가 있겠습니다.
아래 그래프의 주황색 선은
미국 소비자물가지수의 상승률입니다.
보통 미국의 인플레이션이라고 하면 이 숫자를 말합니다.
빨간색 선, 미국 10년 만기 국채수익률과
파란색 선, 연준 정책금리는 인플레이션에 훨씬 못 미칩니다.

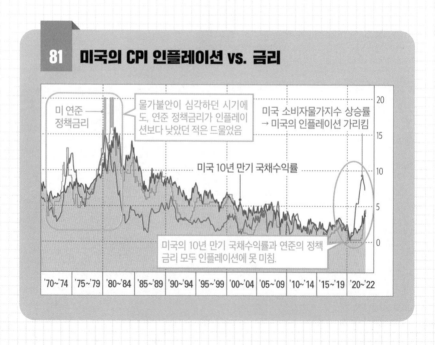

81 미국의 CPI 인플레이션 vs. 금리

미 연준
정책금리

물가불안이 심각하던 시기에
도, 연준 정책금리가 인플레이
션보다 낮았던 적은 드물었음

미국 소비자물가지수 상승률
→ 미국의 인플레이션 가리킴

미국 10년 만기 국채수익률

미국의 10년 만기 국채수익률과 연준의 정책
금리 모두 인플레이션에 못 미침.

'70~'74 '75~'79 '80~'84 '85~'89 '90~'94 '95~'99 '00~'04 '05~'09 '10~'14 '15~'19 '20~'22

미국의 인플레이션은 금리보다 훨씬 높습니다.

전례가 거의 없는 현상입니다. 지난 1970년대, 물가불안이 심각하던

시기에도, 미국 금리, 특히 연준 정책금리가 인플레이션보다

낮았던 적은 많지 않았습니다. 특히, 연준 정책금리가

인플레이션보다 지금처럼 많이 낮았던 적은 과거에는 없었습니다.

따라서 왼쪽 그래프를 보면,

앞으로 미국 금리가
더 많이 올라가야 할 것 같다는
추정을 할 수 있습니다.

미국은 물가불안이 심각하던 지난 1970년대에도,
연준의 정책금리가 인플레이션보다 낮았던 적은 많지 않았다.
사진은 1973년경 고물가를 견디다 못해 시위에 나선 뉴욕시민들

이번에는 좀 다른 기준을 사용해서
미국의 인플레이션과 금리를 비교해 보겠습니다.
주황색 선은 미국의 근원 PCE 물가상승률입니다.
연준은 소비자물가지수(CPI)가 아닌,
개인소비지출(PCE)의 물가상승률을 목표로 삼는다고
앞에서 언급한 바 있습니다.
그 PCE 물가 중에서도 변덕이 심한 식품과 에너지를 뺀,
근원 PCE 물가상승률이 바로 이 주황색 그래프입니다.

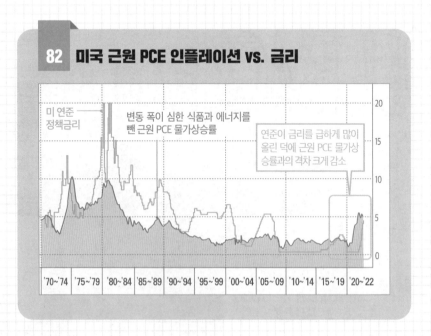

82 미국 근원 PCE 인플레이션 vs. 금리

미 연준
정책금리

변동 폭이 심한 식품과 에너지를
뺀 근원 PCE 물가상승률

연준이 금리를 급하게 많이
올린 덕에 근원 PCE 물가상
승률과의 격차 크게 감소

'70~'74 '75~'79 '80~'84 '85~'89 '90~'94 '95~'99 '00~'04 '05~'09 '10~'14 '15~'19 '20~'22

왼쪽 그래프를 유심히 살펴보면,
CPI 인플레이션에 비해서는 제법 낮은 편이지만, 파란색 선,
연준 정책금리보다는 여전히 높은 수준임을 알 수 있습니다.
역시, 금융위기 이전에는 전례가
거의 없는 아주 이례적인 상황입니다.
다만, 연준이 금리를 급하게 많이 올린 덕에
이제 그 격차는 제법 많이 줄었습니다. 이걸로 봐서는
앞으로 연준이 올려야 할 금리가 그렇게
심각하게 많이 남은 것 같지는 않습니다.

'레알' 금리?
인플레이션에 묻는다!

그럼 여기에서 또 중요한 개념 하나 짚고 넘어가겠습니다.
앞선 강의에서 명목 성장률과 실질 성장률을 공부했지요?

'명목'은 물가 변동이 내포되어 섞여 있는 것입니다.
'실질'은 물가 변동과는 무관하게
그 자체로 존재하는 실체입니다.

금리에도 명목(nominal)과 실질(real)이 있습니다.
요즘 은행 예금 금리가 많이 올라서 4%라고 가정하겠습니다.
그런데 요즘 물가는 더 많이 올라서 인플레이션이 6%라고 한다면,
이 4%의 금리는 과연 높다고 할 수 있을까요?
이 때 이 4%의 금리를 명목 금리라고 합니다.
우리가 보통 '금리'라고 하면, 다 명목 금리입니다.
이 4%의 명목 금리에서 6%의 인플레이션을 뺀 것을
우리는 보통 실질 금리라고 합니다.
이 사례의 경우는 실질 금리가 마이너스 2%입니다.

그런데 과거, 인플레이션이 2%로 낮던 시기에
은행 예금 이자율 역시 3%로 낮았다고 칩시다.
이 3%의 명목 금리는, 실질적으로는 어떠할까요?
3% 빼기 인플레이션 2%를 하면,
이 경우 실질 금리는 플러스 1%입니다.
지금 4%나 되는 명목 금리보다 '실질적으로는' 더 높은 금리입니다.
즉, 표면적으로 드러나 있는
명목 금리만 봐서는 그 금리가
실질적으로, really, 정말로 높은 지 여부를
알 수가 없습니다. 인플레이션과 견주어 봐야
진정한 금리, 실질 금리의 수준을 알 수 있습니다.

명목 금리 vs. 실질 금리

▶ 명목(nominal): 물가 변동이 내포되어 있는 값
▶ 실질(real): 물가 변동과는 무관하게 독립적으로 존재하는 실체
▶ 명목 금리가 4%인데, 인플레이션은 6%
→ 실질 금리 : 4%-6%=-2%
▶ 명목 금리가 3%인데, 인플레이션은 2%
→ 실질 금리 : 3%-2%=+1%

"명목 금리만 봐서는
금리가 실질적으로, really, 정말로
높은 지 알 수 없다!"

자, 다시 미국 근원 PCE 인플레이션과
미국 연준의 정책금리 그래프로 돌아왔습니다.
최근 20년 사이의 흐름을 보여줍니다.
지난 2000년대 중간, 연준이 금리를 5.25%까지 인상했습니다.
당시 근원 PCE 인플레이션은 기껏해야 2%대 중간이었으니까,
실질 정책금리는 거의 3% 가까이 됐겠습니다. 그 직후

미국 주택시장 거품이 붕괴됐고
글로벌 금융위기가 발생했습니다.

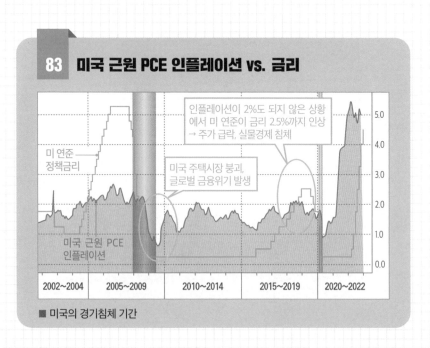

83 미국 근원 PCE 인플레이션 vs. 금리

인플레이션이 2%도 되지 않은 상황
에서 미 연준이 금리 2.5%까지 인상
→ 주가 급락, 실물경제 침체

미 연준
정책금리

미국 주택시장 붕괴,
글로벌 금융위기 발생

미국 근원 PCE
인플레이션

2002~2004   2005~2009   2010~2014   2015~2019   2020~2022

■ 미국의 경기침체 기간

지난 2018년 가을, 이번에는 연준이
금리를 2.5%까지 인상했습니다.
당시 인플레이션은 2%가 채 되지 않았습니다.
그러니 실질 금리는 플러스 1% 가까이 됐을 거라고
계산할 수 있겠습니다. 그 결과 주식시장이 추락하고
실물경제가 크게 흔들렸습니다.
결국 연준은 단 몇 달 만에 금리인하로 선회했습니다.

지금 인플레이션을 봐서는 연준이
적어도 5%까지는 올려야 할 것 같다, 이런 느낌이 들 것입니다.
실제로 과거에 연준이 인플레이션보다
낮은 금리에서 긴축을 멈춘 적은 없었습니다.
다만 금리를 5% 위로 올리더라도,
지난 2000년대 중간의 그 5%대 금리와는
'실질적으로는'
굉장히 다른 수준의 금리일 겁니다.
지금 인플레이션이 당시보다 훨씬,
두 배나 높기 때문입니다.

자, 다시 그래프를 1970년 이후로 넓게 펼쳐 보겠습니다.
이번에 만약 연준이 결국 금리를
5% 넘는 수준까지 인상한다면,
그건 어디까지나 인플레이션이
5%를 넘을 정도로 아주 높기 때문일 것입니다.

그런데 금리를 그렇게 계속 높이 올리게 되면 인플레이션은 결국 꺾여 내려가겠지요.

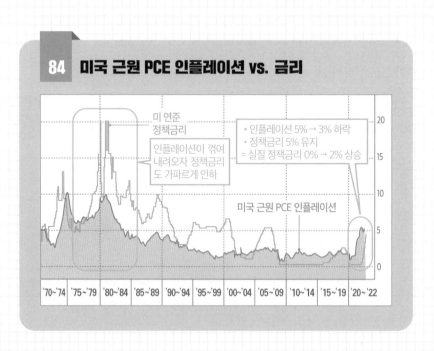

84 미국 근원 PCE 인플레이션 vs. 금리

미 연준
정책금리

인플레이션이 꺾여
내려오자 정책금리
도 가파르게 인하

• 인플레이션 5% → 3% 하락
• 정책금리 5% 유지
= 실질 정책금리 0% → 2% 상승

미국 근원 PCE 인플레이션

'70~'74 '75~'79 '80~'84 '85~'89 '90~'94 '95~'99 '00~'04 '05~'09 '10~'14 '15~'19 '20~'22

5%이던 인플레이션이 만약 3%로 떨어지게 되면,
5%이던 연준 정책금리는 실질적으로는 어떻게 될까요?
원래는 5% 빼기 5% 해서 실질 금리가 0%였는데,
이제는 5% 빼기 3%로 바뀌어서 실질 정책금리는
플러스 2%로 올라갑니다.
연준은 금리를 더 이상 올리지 않고 긴축을 멈췄는데,
실질적으로는 금리가 계속 오르면서 경제를 압박하게 됩니다.
그러면 인플레이션은 더 떨어지겠지요?
그러면 실질 정책금리는 더 올라갑니다.
연준은 그냥 가만히 있는데도 말입니다.

지난 1980년대의 사례를 보겠습니다.
연준 정책금리가 무려 20%까지 올라갔습니다.
인플레이션이 워낙 높았기 때문입니다.
하지만 인플레이션이 꺾여 내려오자
정책금리도 가파르게 인하됐습니다.

연준이 금리를 급하게 많이
올려야 하는 이유는,
인플레이션이 높기 때문입니다.
만약 인플레이션이 떨어진다면
금리를 인하하는 폭 역시 크고,
내리는 속도 또한 빠를 수 있습니다.

그럼 이번에는 달러를 한 번 보겠습니다.

지금 달러는 왜 이렇게 강할까요?

연준이 금리를 인상하니까 달러가 강합니다.

아주 상식적인 답변입니다.

지난 2년간의 달러와 연준 정책금리를 보여주는

아래 그래프가 모든 설명을 다 하고 있습니다.

파란색 선, 연준 정책금리 인상을 따라서

주황색 선, 주요 6개국 통화들에 대한 달러인덱스가

가파른 상승세를 탑니다. 그런데

달러가 꼭 그렇게 연준 금리를 따라서 오르고 내리는 것은 아닙니다.

아래 그래프는 지난 2002년부터 현재까지 20년간
미국 연준 정책금리와 달러인덱스를 대조한 것입니다.
지난 2000년대 중간을 보겠습니다.
파란색 선, 연준이 금리를 논스톱으로 대폭 인상하는 와중에도
주황색 선, 달러는 계속해서 떨어졌습니다.
금리인상 초기에, 아주 잠깐 올라가는 시늉만 내고 말았습니다.

금융위기가 터졌을 때는 반대였습니다.
연준이 매우 공격적으로
금리를 인하하는데도 불구하고
주황색 선, 달러는 급상승했습니다.

아주 상식에 반하는 흐름이 반복된 것입니다.

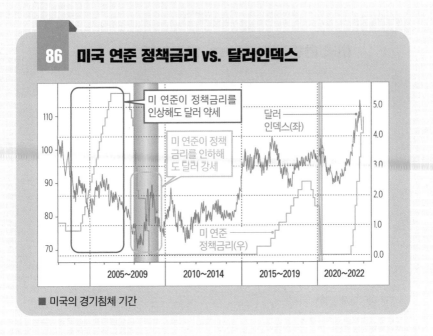

86 미국 연준 정책금리 vs. 달러인덱스

미 연준이 정책금리를 인상해도 달러 약세

미 연준이 정책금리를 인하해도 달러 강세

달러 인덱스(좌)

미 연준 정책금리(우)

2005~2009   2010~2014   2015~2019   2020~2022

■ 미국의 경기침체 기간

아래 그래프는 지난 2020년, 팬데믹 쇼크 당시의
미국 정책금리와 달러의 움직임을 확대해서 보여줍니다.
팬데믹에 대응해 연준이 금리를 0%로 대폭 내렸지만,
주황색 선, 달러는 폭발적으로 뛰어올랐습니다.

연준이 천문학적인 규모로 돈을 풀고 나서야 달러는 서서히 레벨을 낮춰 내려갔습니다.

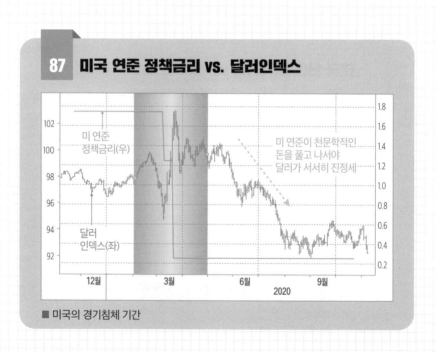

87 미국 연준 정책금리 vs. 달러인덱스

미 연준 정책금리(우)

미 연준이 천문학적인
돈을 풀고 나서야
달러가 서서히 진정세

달러
인덱스(좌)

12월   3월   6월   9월
2020

■ 미국의 경기침체 기간

달러와 미 연준의 과거 사례들을 통해
우리는 앞날을 미리 가늠할 수 있습니다.
향후에 연준이 금리인하로 돌아서더라도,
달러가 당장 따라서 내리지는 않을
가능성이 높다는 겁니다.

참 묘한 특성을 가진 게 바로 달러의 환율입니다.
전 세계 경제와 금융시장에 있어서 달러가
미국의 금리보다 훨씬 더 중요합니다. 이 점을 꼭 기억해야 합니다.
미국 금리가 중요하지만
그보다 훨씬 더 중요한 것은
달러의 가치, 달러 환율입니다.

달러의 미소가
두려운 이유

달러가 미국 금리와는 좀 다르게 움직인다고 해서 나온
이론이 '달러 스마일(The Dollar Smile)'입니다.
아래 그림에서 양쪽 입꼬리가 올라가는 게
마치 미소를 짓는 듯합니다. 그래서 달러 스마일입니다.
'달러 스마일' 이론을 창안한 사람은
스티븐 젠(Stephen Jen)이라는 외환 전략가입니다.
아래는 그가 창업한 '유라이즌 SLJ 자산운용' 홈페이지에 있는
달러 스마일 이미지를 그린 것입니다.

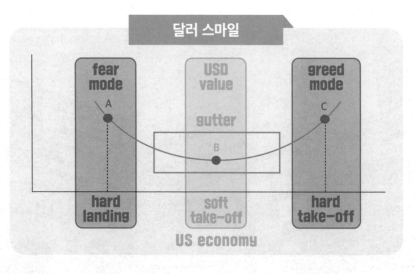

최근처럼 미국 경제가 아주 유별나게 강할 때
달러가 웃는 모습으로 이렇게 올라갑니다.
그리드 모드(greed mode), 탐욕의 구간이라고 이름 붙여졌습니다.
정 반대로 금융위기 때, 또는 팬데믹 쇼크 당시처럼
경제에 큰 문제가 생겼을 때 미국이 하드 랜딩,
심한 리세션에 빠졌을 때 역시 달러가 이렇게 올라갑니다.
피어 모드(fear mode), 공포의 구간이라고 이름이 붙여졌습니다.
이 때는 연준이 금리를 대폭 인하해도 달러는 잘 떨어지지 않습니다.
달러는 안전자산입니다. 위기 때 전 세계 사람들은 달러를 찾습니다.
연준이 공격적인 금리인하로 대응하겠지만, 그런 공격적인 조치는
그만큼 상황이 심각하다는 방증처럼 오히려 여겨집니다.
그렇다면 달러는 대체 언제 약해질까요?
미국 경제가 이도 저도 아닌, 소프트한,
즉 조금 강하거나 조금 약한 시기입니다.
이 때 미국 바깥 경제는 상대적으로 강합니다.
그래서 달러는 이렇게 푹 꺼진 거터(gutter) 구간으로 약세,
미국 바깥 통화는 강세입니다. 달러가 약세라서
미국 바깥 경제가 상대적으로 강한 것이기도 하다는 겁니다.
이 개념 역시 굉장히 중요합니다.
'미국 바깥 경제가 강하면
달러가 상대적으로 약세인데,
미국 바깥 경제가 강한 이유는
달러가 약세이기 때문이다.'
이 점도 잘 기억해 두기를 바랍니다.

그러면, 달러 약세가 그 자체로 어떻게 미국 바깥 경제를
강하게 만드는지 그 원리를 한 번 알아보겠습니다.
지난 번, 제3강 슈퍼 강달러에 관한 스토리에서
예로 든 A기업을 다시 한 번 찾아가 보겠습니다(122쪽).
환율이 1년 사이에 엄청나게 뛰는 바람에
외채 상환 부담이 20% 넘게 늘었다는 가상의 사연이었습니다.
그런데 이 기업이 다행히 달러 대출 만기를 1년 연장했고,
1년 뒤에 환율이 1300원으로 떨어진다고 가정하면 어떨까요?
갚아야 할 100만달러 원금이
우리 돈으로는 13억원이 됐습니다.
많이 줄었습니다. 지금 갚는 것에 비해
외채 상환 부담이 무려 8.5%나 감소했습니다.
환율이 많이 떨어질수록
이렇게 부담도 큰 폭으로 덜 수 있습니다.

금리가 변동하는 크기는
이 환율 변동 폭에 비하면
아무것도 아닙니다.
그만큼 환율, 달러 환율이
전 세계 경제에 굉장히 중요합니다.

우리나라의 달러화 부채 상환 부담 사례

▶ [1년 전] 달러-원 환율 : 1170원

→ A기업 100만달러 차입, 원금 : 11억7000만원

▶ [현재] 달러-원 환율 : 1420원

→ A기업이 상환해야 할 원금 : 14억2000만원으로 증가 **+22%**

▶ [1년 뒤] 달러-원 환율 : 1300원

→ A기업이 상환해야 할 원금 : 13억원으로 감소 **-8.5%**

환율이 떨어질수록
달러화 부채 상환
부담 경감

자, 여기서 중요한 개념 하나만 더 짚고 넘어가겠습니다.
'강한 달러'란 과연 무엇을 의미하느냐는
질문에 답을 해보려고 합니다.
우리가 보통 '달러가 강하다', '강한 달러다' 이렇게 말할 때는
환율을 얘기하는 경우일 것입니다.
달러의 가치가 다른 통화들에 비해서 높은 상황,
지금과 같은 그런 현상을 두고 우리는
'달러화 강세' 또는 '강한 달러'라고 표현합니다.
그런데 또 한 편으로는, 달러의 국제적 지위를 두고도
우리는 '달러가 강하다', '강한 달러다' 이렇게 표현하기도 합니다.
이 때 '강하다'는 말은 '지배적이다',
영어로 'dominant'라는 뜻으로 쓰입니다.
그런데 이 시기에 달러의 환율, 달러의 가치가
오르고 있는지, 내리고 있는지 알 수는 없지요?
그렇게, 환율과는 무관하게 달러가 강하다고 표현하기도 합니다.

그래서 때로는 그 달러의 가치가
하락하는 외중에도
달러는 강할 수 있습니다.
'강한 달러의 약세?!'

말장난 같지만 이런 모순된 수식이 가능합니다.

달러의 환율이 약세이긴 해도
그 국제적인 지배력은
여전히 매우 강력할 수 있다는 것입니다.

▶ 환율의 강세
→ 다른 통화들에 비해 달러의 가치가 높은 상황

▶ 지배적인(dominant) 통화로서의 국제적 지위
→ 환율의 강/약세와는 다른 차원의 평가

환율(가치)이 하락하는 와중에도 달러는 강할 수 있다!

그럼 달러가 국제적으로 얼마나 지배적인지를
한 번 살펴보겠습니다. 오른쪽 그래프들은 지난 2020년,
국제결제은행(BIS)이 내놓은 보고서에서 가져왔습니다.
글로벌 금융시장에서 달러의 지배력이 계속 커지고 있어서
미국의 문제가 금세 전 세계의 문제로 비화할 수 있다는 경고를
이 보고서가 담고 있었습니다.
마치 2년 뒤, 오늘날의 일을 예견하는 듯한 문제 제기였지요.
1번 그래프의 빨간색 선은 글로벌 금융시장에서
달러(USD)로 조달된 돈의 크기입니다. 미국인이 아니면서
달러로 돈을 빌린 규모란 의미입니다.
계속해서 쉼 없이 늘어나고 있습니다.
달러 금리가 크게 오르거나 달러 환율이 대폭 상승하면
이 많은 돈들은 심각한 압박을 받게 됩니다.
파란색 선으로 표시된 것은 글로벌 금융시장에서
유로화(EUR)로 조달된 자금입니다.
한 때 달러와 어깨를 겨루며 증가하다가 완전히 뒤쳐졌습니다.
주황색 선은 엔화와 같은 여타 주요 통화들로 조달된 실적입니다.
2번 그래프의 빨간색 선과 파란색 선은 달러 및 유로 차입 자금이
글로벌 GDP 대비 얼마나 되는지를 보여줍니다.
달러 차입이 글로벌 GDP의 일정 수준을 꾸준히 유지하는 반면,
유로 차입의 비중은 크게 줄었지요.
3번 그래프의 빨간색 선이 미국 달러의
국제적 지배력이라고 할 수 있겠습니다.
전 세계 외화 차입의 절반이 달러로 이뤄지고 있습니다.
역시 유로존과의 격차를 다시 크게 벌리고 있습니다.

| 외국통화로 조달된 자금(대출+채권 발행) |

출처 :BIS CGFS Papers, June 2020

------ USD, ------ EUR, ------ Others

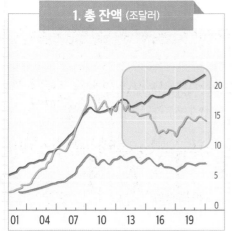

1. 총 잔액 (조달러)

2. 글로벌 GDP 대비 (%)

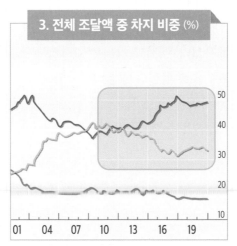

3. 전체 조달액 중 차지 비중 (%)

"미국의 문제가 전 세계의 문제로 비화될 수도 있다!"

그렇다면 전 세계는 왜 남의 나라 돈, 달러로 그렇게 많이
차입을 할까요? BIS 보고서가 그 이유를 설명했습니다.
첫째, 달러 차입시장의 유동성이 풍부하고 투자자 기반이
넓기 때문이라고 합니다. 쉽게 말하면, 달러로 빌려주겠다고
하는 사람과 돈이 항상 많이 존재한다는 것이지요.
둘째, 국가 간 교역이 주로 달러로 이뤄지기 때문입니다.
미국이 국제무역에서 차지하는 비중은 약 10% 밖에 되지 않습니다.
하지만 국제무역에서 달러로 거래되는 비중은 약 50%에 달합니다.
심지어는 똑같이 유로화를 사용하는 유로존 국가들끼리도
무역은 달러로 하는 경우가 많다고 합니다.
셋째, 차입비용, 돈을 빌리는 데 드는 총 비용이
달러가 싼 경우가 많다고 합니다.
전 세계 모든 외환 거래 가운데 약 85%는 달러와 연계돼 있습니다.
유로를 달러와 바꾸거나, 엔화와 달러를 교환하는
그런 거래가 대부분을 차지한다는 겁니다.
미국 바깥에 있는 사람들이 그만큼
달러를 많이 가지고 있다는 증거입니다.

미국도 아니면서 왜 달러로 돈을 빌릴까?

▶ 달러 펀딩 시장의 사이즈와 유동성 및 투자자 기반 매력적
▶ 국제무역에서 달러가 차지하는 비중 약 50% 달해
▶ 환헤지 고려한 총 차입비용, 달러가 더 저렴할 때 많아

그렇다면 미국 바깥의 사람들은 왜 그렇게 달러를
많이 보유하고, 달러에 많이 투자를 해 놓는 걸까요?
여기에 대해서도 BIS 보고서가 설명했습니다.
첫째는 외환보유액입니다.
전 세계 외환보유액의 60% 가량이 달러로 구성돼 있습니다.
자연히 미국 국채 같은 달러 자산에 투자돼 있습니다.
그러다 필요한 경우에는 외환시장에서
그 달러를 팔고 다른 통화를 사겠지요.
둘째는, 앞서 설명했듯이 국제무역이
주로 달러로 이뤄지기 때문입니다.
그러다 보니 전 세계의 수많은 기업들이,
비록 미국 회사는 아니지만, 달러로 받을 돈이 있거나
달러로 지급해야 할 채무를 갖고 있습니다.
셋째는, 금융중개 수요가 많기 때문이라고 합니다.
미국 바깥에도 달러 예금이 그토록 많으니
그 예금이 어딘가에 또 달러로 투자돼야 하겠지요.
그래서 달러 부채가 크게 늘면 그만큼 달러 예금도 증가합니다.

미국도 아니면서 왜 달러에 투자할까?

▶ 전 세계 외환보유액의 61%가 달러
▶ 국제무역에서 달러가 차지하는 비중 약 50% 달해
▶ 달러 예금 받은 미국 바깥 은행들, 달러 자산에 투자할 필요

이렇게 엄청난 지배력을 가진 달러는 양날의 검입니다.
앞서 달러 스마일 이론에 대해 살펴봤습니다.
금융위기, 팬데믹 쇼크 같은 심각한 경제환경에서
달러는 오히려 강해집니다.
전 세계가 달러에 엄청나게 의존하고 있는데,
위기 상황에서 엎친 데 덮친 격으로
달러 강세의 폭풍까지 견뎌내야 합니다.
전 세계가 이렇게 달러에 일방적으로 의존하게 되면
결국 전 세계 금융환경과 실물경제가
미국 금리와 달러 시세를 따라서 한 묶음으로 움직이게 됩니다.
'짚신장수와 우산장수' 식으로 충격을 분산하는 것은
불가능하다는 얘기입니다. 그런데 반대로,
만약 앞으로 달러의 압박이 풀릴 때에는
금융환경을 완화하는 그 효과가
전 세계적으로 한꺼번에 증폭될 수 있습니다.

'달러 지배력 + 달러 스마일'의 위험성

▶ 위기 상황에 달러화까지 강해지며 전 세계에 '이중 압박'
▶ 전 세계 금융환경과 실물경제, 미국 금리와 달러 움직임 따라 동조화
▶ 달러의 압박이 풀릴 경우 전 세계적 '금융완화' 효과 증폭 가능성

그럼 달러는 언제쯤 다시 약해질까요?

가장 최근에 있었던 두 차례의 미국 경기침체 사례를 보겠습니다.

먼저 2008년 금융위기 때의 경험을 되짚어 보겠습니다.

파란색 선, 연준이 금리를 완전히 내리고 난 뒤,

시간이 좀 지나서야, 달러가 떨어지기 시작합니다.

빨간 띠로 표시한 게 미국의 경기침체 기간입니다.

리세션의 끝이 드디어 눈에 보이기 시작하면서,

미국 경제가 좀 덜 심각해지면서 달러가 약세로 돌아선 겁니다.

달러 스마일 그림의 가운데 부분을 향해

미국 경제가 이동한 결과입니다.

88 미국 연준 정책금리 vs. 달러인덱스

■ 미국의 경기침체 기간

팬데믹 쇼크 당시에도 달러는 비슷한 반응 패턴을 보였습니다.
연준이 금리를 공격적으로 인하했지만,
달러는 한동안 계속 뛰었습니다.

미국 경제가 침체를
막 벗어난 뒤에 가서야
달러는 꺾여 내리기
시작했습니다.

89 미국 연준 정책금리 vs. 달러인덱스

미 연준 정책금리(우)

달러인덱스(좌)

■ 미국의 경기침체 기간

달러화 약세는 다양한 경로를 통해서 전 세계 금융환경을
대대적으로 완화합니다. 달러가 약해지면, 미국의 자본은
미국 바깥으로 몰려갑니다. 미국 바깥 경제와 통화가 더 강하고,
투자수익률도 높기 때문입니다. 그래서 미국 바깥 통화는
더욱 강해지고 미국 달러는 더욱 약해집니다.
대표적인 시기가 지난 2000년대였습니다.

주황색 선, 달러가 대폭 떨어질 때
녹색 선, 한국과 미국의 정책금리
차이가 가파르게 줄어듭니다.

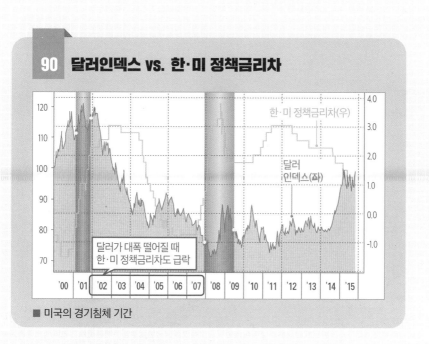

90 달러인덱스 vs. 한·미 정책금리차

한·미 정책금리차(우)

달러
인덱스(좌)

달러가 대폭 떨어질 때
한·미 정책금리차도 급락

'00 '01 '02 '03 '04 '05 '06 '07 '08 '09 '10 '11 '12 '13 '14 '15

■ 미국의 경기침체 기간

심지어는 한국은행의 금리가 미 연준 정책금리보다
더 낮아지는 역전 현상까지 있었습니다.
달러-원 환율이 너무 내리니까, 그래서 우리나라 수출에
불리해질 것 같아 걱정이 되니까, 한국은행이 상대적으로
금리를 낮게 운영해 달러를 밀어내려고 애를 썼던 것입니다.
그렇게 저금리 정책을 쓴 결과,
우리나라를 비롯한 미국 바깥 경제는
과도할 정도로 부양됐습니다.
이게 달러화 약세가 불러오는
엄청난 파급력입니다.

향후 이 위기가 종식되면, 그 때 전 세계 경제를 부양하는
가장 큰 힘은 이렇게 달러화 하락세에서 나올 거라고 봅니다.

달러화 약세는, 우리 원화와 같은 미국 바깥 통화들의 강세를
의미합니다. 원화가 강세가 돼서, 달러-원 환율이 하락하면
수입물가도 하락합니다. 지난 2000년대, 금융위기 이전 시기가 그랬습니다.
주황색 선, 달러-원 환율을 따라서 파란색 선, 우리나라 소비자물가
인플레이션이 낮아졌습니다. 그러면 정부와 한국은행은
경제를 더 부양할 수 있는 여유를 얻게 됩니다.
하지만 그런 선순환이 마냥 계속되지는 않습니다.

달러가 계속 약해서
미국 바깥의 소비가 너무 과해지면,
석유 같은 원자재가격이 오르고
전 세계적으로 인플레이션이 높아집니다.

91 달러-원 환율 vs. 한국 인플레이션

달러-원(좌)

달러 가치가 계속 떨어져
미국 바깥의 소비가 과해지면,
석유 등의 원자재가격이 올라
인플레이션 높아짐

한국 소비자물가(우)

달러 약세로 달러-원 환율
이 떨어지면 한국 소비자
물가 인플레이션도 하락

아래 그래프는 미국 연준이 자체적으로 집계하는 달러인덱스입니다.

선진국 통화들에 비해 달러가 얼마나 강한지,

약한지를 보여주는 실효환율입니다.

앞서 몇 차례 예로 들었던 지난 2000년대의 달러화 하락 추세는

굉장히 크고 오래 지속되는 사이클이었습니다.

역사적으로도 손에 꼽힐 만큼의 아주 대대적인 달러의 약세였습니다.

그 사이 중국으로 엄청난 자본이 흘러 들어갔습니다.

덕분에 중국이 초고속 성장을 이어갔고,

그 과정에서 국제 원자재가격이 대폭 뛰었습니다.

달러 약세가 원자재가격 인플레이션을 유발하는 전형적인 메커니즘이었습니다.

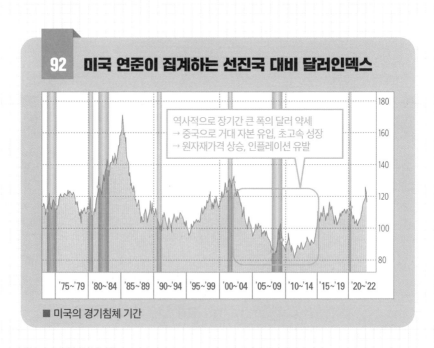

92 미국 연준이 집계하는 선진국 대비 달러인덱스

역사적으로 장기간 큰 폭의 달러 약세
→ 중국으로 거대 자본 유입, 초고속 성장
→ 원자재가격 상승, 인플레이션 유발

'75~'79 '80~'84 '85~'89 '90~'94 '95~'99 '00~'04 '05~'09 '10~'14 '15~'19 '20~'22

■ 미국의 경기침체 기간

어쨌든 그 대대적인 달러화 약세 이전에는
아주 대대적인 달러화 강세 사이클이 있었습니다.
산이 높으면 골이 깊다는 금융시장 격언이 그래서 나옵니다.
이번에도 달러는 아주 대대적인 강세 사이클을 타고 있습니다.
나중에 때가 돼서 내리게 된다면,

그 하락 사이클 역시
굉장히 크고 길 거라고 예상합니다.

제5강은 여기까지입니다.

앞으로 우리 앞에 펼쳐질 기회는
미국의 금리인하가
충분히 이뤄졌을 때 열릴 것이다!
그 기회를 여는 힘은
달러의 대대적 약세에서 나올 것이다!

이런 내용이었습니다.

6강부터는 다시 위험 얘기로 돌아갑니다.
우리 앞에 놓인 위험들을 짚어보겠습니다.
아주 극단적입니다.
심각한 인플레이션 아니면 디플레이션에 가까운
만성적 침체 가능성을 살펴보겠습니다.

LESSON
6

위기 이후, 위험 :
만성적 침체

만성적
경기침체의 데자뷰?

"우리가 이 인플레이션을
잘 퇴치해 내고 나면,
앞으로 금리와 달러가
다시 대대적으로 하락하면서
새로운 반등의 기회를 열어줄 것이다."

지난 강의에서 살펴봤던 시나리오입니다.
그러나 그런 밝은 시나리오 이면에 내재돼 있는
리스크 시나리오도 존재합니다.
경제가 당초 예상했던 것과는 다른 길로 갈 가능성,
그 리스크를 진단해 보는 시간입니다.
이번 제6강에서는 역대급 과열을 벗어난 경제가
앞으로 그 정반대, 만성적인 침체에 빠질 위험을 살펴보겠습니다.

"기술혁신과 인구증가 등
모든 성장요소가 작용했기 때문에
미국 경제는 다시는
급성장하지 않을 것이다."

_ 엘빈 한센(Alvin Hansen)*

* 경기불황 및 소득불평등 심화로 세계 경제가 만성적 수요 부진에 빠진 상태를 일컫는 '구조적 장기 침체(secular stagnation)'는, 미국의 경제학자이자 당시 하버드대 교수인 엘빈 한센이 1938년경 처음 주창한 이래로 여러 경제학자들이 반복 제기해왔다.

혹시 아래 그래프(48쪽) 기억이 나는지요?

빨간색 선은 미국의 실제 GDP입니다.

파란색 선은 미국의 잠재 GDP입니다.

만성적인 침체라는 것은,
경제가 제 능력을 완전히
다 발휘하지 못하는 상태가
장기간 이어지는 현상을 뜻합니다.

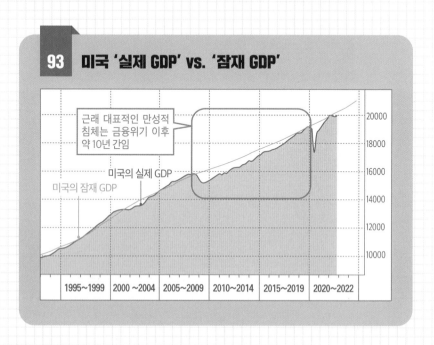

93 미국 '실제 GDP' vs. '잠재 GDP'

근래 대표적인 만성적
침체는 금융위기 이후
약 10년 간임

미국의 실제 GDP

미국의 잠재 GDP

20000

18000

16000

14000

12000

10000

| 1995~1999 | 2000~2004 | 2005~2009 | 2010~2014 | 2015~2019 | 2020~2022 |

2008년 리먼 브라더스의 파산은 글로벌 금융위기의 트리거가 되었다.
런던 크리스티 경매에서 매각된 리먼 브라더스의 간판.

근래 만성적 침체의 대표적인 사례는 금융위기 이후 약 10년간입니다.
왼쪽 그래프에서 이 기간 동안 빨간색 선(미국 경제의 실제 생산)은
파란색 선(잠재능력)을 만성적으로 밑돌았습니다.
훨씬 더 많이 생산할 수 있었는데도 불구하고 실제 생산량은
그만큼 되지 못했습니다. 내가 하루에 8시간은 충분히
일할 수 있는데도 불구하고 일자리가 없어서 4시간, 6시간만
노동해야만 한다면 나의 경제적 복지는 어떻겠습니까?
돈을 많이 못 벌어서 풍족하게 소비하지 못합니다.
미래를 위해 저축할 수도 없습니다.
경제 전체가 그런 상태를 침체라고 할 수 있습니다.
그런 침체가 상당히 오래가는 현상을 만성적인 침체라고 하겠습니다.

아래 그래프는 지난 1972년부터 50년 동안의 상황입니다.

빨간색 선은 미국의 실업률입니다.

파란색 선은 자연실업률(Natural Rate of Unemployment)입니다(152쪽).

잠재 GDP와 굉장히 유사한 개념입니다.

인플레이션을 유발하지 않고도
달성할 수 있는 가장 낮은 실업률입니다.

그래서 NAIRU(Non-Accelerating Inflation Rate of Unemployment)

라고도 부릅니다.

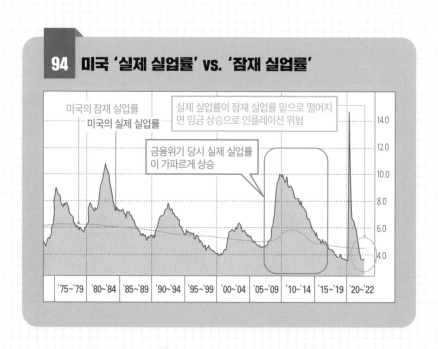

94 미국 '실제 실업률' vs. '잠재 실업률'

미국의 잠재 실업률
미국의 실제 실업률

실제 실업률이 잠재 실업률 밑으로 떨어지면 임금 상승으로 인플레이션 위험

금융위기 당시 실제 실업률이 가파르게 상승

14.0
12.0
10.0
8.0
6.0
4.0

'75~'79 | '80~'84 | '85~'89 | '90~'94 | '95~'99 | '00~'04 | '05~'09 | '10~'14 | '15~'19 | '20~'22

왼쪽 그래프를 다시 보겠습니다.
실업률이 지금처럼 왼쪽 그래프의
파란색 선 아래로 하락하면 임금이 뛰기 쉽고,
그러면 인플레이션이 발생하기 쉽다는 의미가 됩니다.
이 파란색 선, 자연실업률은 그래서 잠재 GDP처럼
제한속도라고 할 수 있겠습니다.
노동시장의 제한속도인 셈이지요.
그런데 금융위기 이후 한참 동안은 그 반대였습니다.
실제 실업률이 자연 실업률을 장기간에 걸쳐서
웃돌았습니다. 그러면 어떤 일이 발생할까요?

아래 그래프는 미국의 구인배율입니다.

실업자 1인당 비어 있는 일자리가 얼마나 많은 지를 보여 줍니다.

앞선 강의 때 언급했듯이, 지금은 거의 2.0, 실업자 한 사람이

약 두 개의 일자리를 놓고 고를 수 있는 상황입니다(40쪽).

통계적으로는 그렇습니다. 그래서 고용주 두 사람이 실업자 한 사람을

놓고 경쟁 중입니다. 임금이 자연히 많이 올라갑니다.

그런데 지난 2010년대에는 장기간에 걸쳐서 이 배율이 1.0을 크게

밑돌았습니다. 실업자가 10명인데, 빈 일자리는 5개 안팎에

불과했지요. 이런 때에는 실업자들끼리 빈 일자리를 놓고

경쟁을 해야 합니다. 실업자가 상대적으로 많으니까 임금은

잘 오르지 않습니다. 자연히 인플레이션도 오르지 않습니다.

95 미국 실업자 1인당 빈 일자리 수

구인난 → 임금 상승
→ 인플레이션 상승

실업난 → 임금 정체 →
인플레이션 정체

2000~2004 2005~2009 2010~2014 2015~2019 2020~2022

■ 미국의 경기침체 기간

아래 그래프는 미국 연준이 인플레이션의 기준지표로 삼는
개인소비지출(PCE) 물가상승률입니다.
빨간색 선은 전체 PCE 물가상승률입니다.
보통 헤드라인 인플레이션이라고 부릅니다.
파란색 선은 전체 항목 중에서 식품과 에너지를 제외한 것,
근원 PCE 물가상승률입니다.
금융위기 이후부터 팬데믹 직전까지 10년 넘는 기간 동안
이 PCE 인플레이션은 연준 목표 2%를 넘어본 적이 거의 없습니다.
거의 항상 목표선 2%에 미달해 있었습니다.
한동안이긴 했지만, 이 때는 경제가 왜 이렇게 약했을까요?

96 미국 PCE 물가 전년동월비 상승률

전체 PCE 물가상승률
(헤드라인 인플레이션)

근원 PCE 물가상승률(전체
항목에서 식품, 에너지 제외)

금융위기 이후부터 팬데믹 직전
까지 PCE 인플레이션이 연준 목
표 2%를 넘은 적이 드묾

6.0

4.0

2.0

0.0

-2.0

2000~2004   2005~2009   2010~2014   2015~2019   2020~2022

■ 미국의 경기침체 기간

아래 그래프는 미국 재정수지를 나타냅니다.
매 분기별로 재정수지가 GDP 대비로
얼마나 흑자인지, 적자인지를 보여줍니다.

사실 미국 정부가
흑자를 내는 일은 거의 없습니다.

2000년대 초까지 정말 아주 잠시 동안 흑자를 낸 게
마지막이었습니다. 지극히 이례적인 일이었습니다.

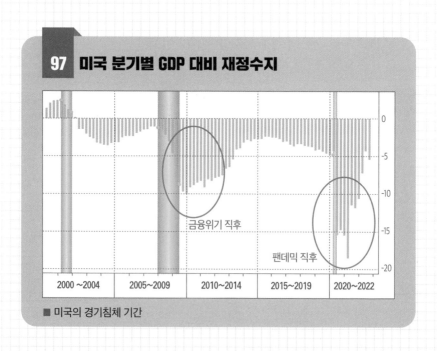

97 미국 분기별 GDP 대비 재정수지

금융위기 직후

팬데믹 직후

| 2000 ~2004 | 2005~2009 | 2010~2014 | 2015~2019 | 2020~2022 |

■ 미국의 경기침체 기간

금융위기 직후에는 적자가 아주 심각할 정도로 불어났습니다.
금융 구제에 큰 돈이 들었고 심각한 리세션 때문에
역시 적자가 급증했습니다. 개인이나, 회사나, 국가나
적자를 내면 모자라는 돈을 누군가에게 빌려야 합니다.
대규모 재정적자가 한동안 계속되면서 자연히 국가부채가
대대적으로 증가했습니다. 나라 빚이 이렇게 많아서는
안 되겠다고 정치적 압박이 커졌습니다.
선거에서 재정정책에 매파적인 정치인들이 대거 당선됐습니다.
그래서 2010년대 초반에는 한 동안 다시
재정적자가 빠르게 감소하는 기간이 있었습니다.
정부가 빚을 덜 내고 돈을 덜 쓰니까
경제 전체의 수요도 약해졌습니다.
그래서 미국의 실질 GDP는 한동안
잠재 GDP에도 못 미치는 약한 흐름을 이어갔습니다.
그러던 추세가 다시 바뀌었습니다.
트럼프 행정부 때 대규모 감세와 재정지출을 하면서
미국 연방정부의 적자가 다시 빠르게 늘었습니다.
팬데믹 때, 그리고 바이든 행정부 들어서
적자가 천문학적으로 또 증가했습니다.
인플레이션이 갑자기 맹렬하게 살아난 이유가,
그에 앞서 인플레이션이 죽은 듯했던 이유도,
왼쪽 그래프 안에 답이 들어 있습니다.

아래 그래프는 브루킹스연구소 허치슨센터가 만든
미국 '재정정책 임팩트 측정치(Fiscal Impact Measure)'입니다.
미국의 재정정책이 GDP 성장에 보탬이 되는지 부담을 주는지,
그 임팩트를 수치로 나타냅니다. 금융위기 때, 재정적자가
급증하는 동안에는 정부가 경제성장을 떠받치는 역할을 했습니다.
하지만 그런 대규모의 재정적자를 계속해서 낼 수는 없는 일이지요.
이후에 재정수지 적자가 빠르게 줄어들자 미국 경제 성장에는
부정적인 충격이 장기간 가해졌습니다. 그 충격의 크기가 과거에 비해
훨씬 컸고 그 기간도 훨씬 길었습니다. 그러던 것이,

팬데믹 때 다시 엄청난 부양으로 바뀌었습니다.
인플레이션의 마중물을 부은 것이었지요.

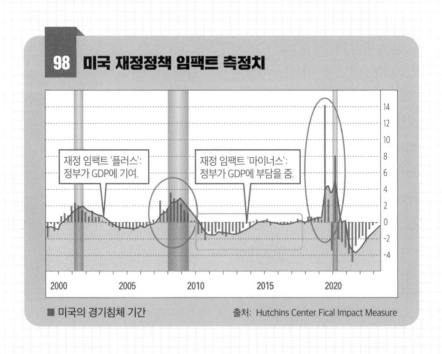

98 미국 재정정책 임팩트 측정치

재정 임팩트 '플러스':
정부가 GDP에 기여.

재정 임팩트 '마이너스':
정부가 GDP에 부담을 줌.

■ 미국의 경기침체 기간

출처: Hutchins Center Fical Impact Measure

216

아래 그래프는 미국 국내총생산 대비 연방정부 부채 비율입니다.
금융위기 직전에만 해도 미국 국가부채 비율은 30%대에
불과했습니다. 그런데 지금은 100%를 넘나들고 있습니다.
금융위기 때 국가부채가 한 번 급증하고,
팬데믹 위기 때 또 한 번 빚이 솟아오른 결과입니다.

그래서 이제 미국 정부의 빚은 어떻게 치유하는 게 불가능해 보일 정도로 너무 많아졌습니다.

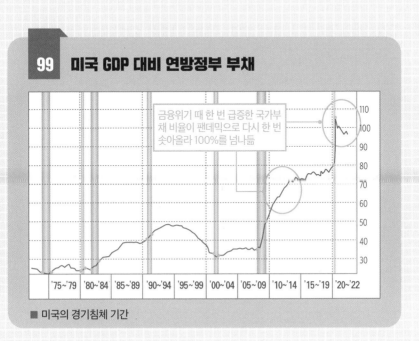

99 미국 GDP 대비 연방정부 부채

금융위기 때 한 번 급증한 국가부
채 비율이 팬데믹으로 다시 한 번
솟아올라 100%를 넘나듦

'75~'79 '80~'84 '85~'89 '90~'94 '95~'99 '00~'04 '05~'09 '10~'14 '15~'19 '20~'22

■ 미국의 경기침체 기간

아주 나쁜
시나리오

자 그럼 여기에서 잠시 재정수지와 국가부채에 관해 좀 더 알아보겠습니다.
재정적자가 얼마나 큰지, 나라빚이 얼마나 많은지를 따질 때
우리는 대개 GDP와 비교합니다. 여기에서 GDP는 '실질'이 아닌
'명목' 국내총생산입니다. 명목 GDP는 매년마다 그 나라가 생산한
부가가치의 총액이고, 한 해 동안 그 나라 전체가 벌어들인
소득이라고 할 수 있습니다.
그런데 왜 적자와 부채를 명목 GDP에 견주어 볼까요?
빚을 상환할 수 있는 능력을 따지기 위해서입니다.

적자와 빚이 표면상 꽤 많더라도 GDP,
그러니까 그 나라 전체의 소득 역시 꽤 크다면
갚는데 별 문제가 없겠지요. 하지만
적자와 빚이 표면상 크지 않아 보이더라도
GDP 역시 작은 나라라면
문제가 심각할 수 있습니다.

미국 뉴욕 맨해튼 6번가 원 브라이언트 파크 부근의 '국가부채 시계'(National Debt Clock).
1989년 이 시계가 처음 설치됐던 당시 전광판에는 2조7000억달러가 찍혔었다.
2008년 금융위기가 터지자 국가부채가 10조달러를 넘어 앞자리를 추가해야만 했다.
그리고 사진 속 2019년 1월 11일경 기준 21조달러가 넘는 국가부채가 찍혔다.
이 시계는, 미국의 한 기업인이 "다음 세대에 나라 빚 부담을 주지 말자"는 취지로
설치했다. 국가부채 아래에는 '당신 가족이 갚아야 할 국가부채'로 환산되어있나.

재정수지 적자와 국가부채

▶ 적자와 부채의 수준을 따질 때에는 '명목 GDP'와 비교
▶ '명목 GDP'는 매년 그 나라 전체가 벌어들이는 소득을 의미
▶ '빚을 갚을 수 있는 능력'을 따지기 위해 소득(명목 GDP)과 대조

아래 그래프는 미국 의회예산국(CBO)이 발표한
미국 장기 예산 전망 보고서에서 가져왔습니다.

팬데믹으로 GDP 대비 100%를 넘어선
미국 국가부채 비율이
앞으로도 계속 올라서 30년 뒤에는
200%에 육박할 것이라고

CBO는 전망했습니다.

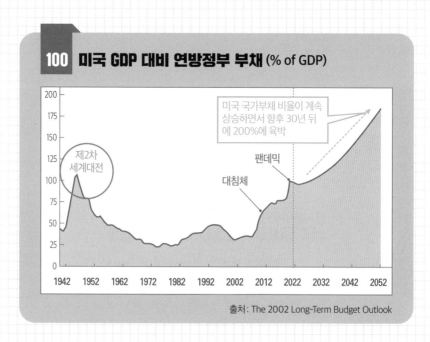

100 **미국 GDP 대비 연방정부 부채** (% of GDP)

제2차
세계대전

미국 국가부채 비율이 계속
상승하면서 향후 30년 뒤
에 200%에 육박

팬데믹

대침체

출처: The 2002 Long-Term Budget Outlook

다시 언급하지만, 여기에서 말하는 GDP는 명목 국내총생산입니다.
1년 동안 미국 내에서 생산한 부가가치의 총액입니다.
1년 동안 미국이라는 국가경제가 벌어들인
소득의 총액이기도 합니다.

국가부채가 GDP의 200%란 말은 2년 동안, 국가 전체가 번 돈을 한 푼도 쓰지 않아야 정부 빚을 다 갚을 수 있다는 의미입니다.

지난 1945년, 제2차 세계대전이 끝났을 무렵에도
미국의 국가부채 비율은 100%를 넘어섰습니다.
당시에는 장기간에 걸쳐서 빚을 꾸준히 갚아냈지요.
하지만 이번에는 완전히 다를 거라는 게 CBO의 전망입니다.

이것 역시 CBO 보고서에서 가져온 그래프입니다.

빚이 많이 늘어나면 어떤 일이 생기겠습니까?

이자 부담이 그만큼 증가합니다.

현재는, 미국 정부가 매년 내는 이자가 GDP의 1.6%에 불과합니다.

빚이 크게 늘었지만,
금리가 아주 낮을 때 빌렸던 게
아직은 대부분이라서 그동안은
전혀 문제가 없었습니다.
그런데, 앞으로가 막막합니다.

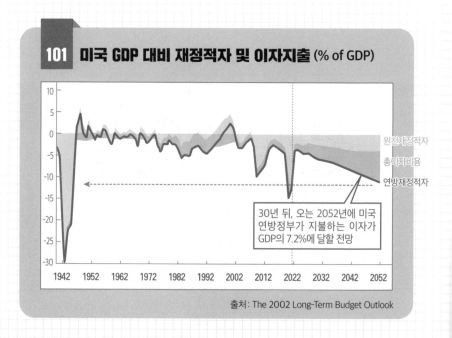

101 미국 GDP 대비 재정적자 및 이자지출 (% of GDP)

원천재정적자
총이자비용
연방재정적자

30년 뒤, 오는 2052년에 미국 연방정부가 지불하는 이자가 GDP의 7.2%에 달할 전망

출처: The 2002 Long-Term Budget Outlook

왼쪽 그래프를 찬찬히 살펴보겠습니다.
파란색 영역, 단지 이자를 지급하는데 나가는 예산이
GDP 대비 이렇게 폭발적으로 증가할 것이라고
CBO는 전망했습니다.
사실 그 전망 자체는 아주 상식적입니다.
아무리 이자가 낮아도 빚이 그런 식으로 증가하면
이자로 내는 돈이 커질 수밖에 없겠지요.
30년 뒤, 오는 2052년에 미국 연방정부가
지불하는 이자는 GDP의 7.2%에 달할 전망입니다.
그 때는 재정적자의 대부분이 이자비용 때문에 발생하게 됩니다.
다른 곳에 쓰는 돈은 큰 변화가 없는데도 불구하고,
매년 발생하는 재정수지 적자는
매년 GDP의 무려 10% 규모로 늘어납니다.
국가부채 비율이 해마다 10%포인트씩 급속도로
올라간다는 계산입니다.

빚이 너무 많아서
이자폭탄을 맞게 되고,
이자 폭탄 때문에
빚이 더 빠른 속도로 불어난다는
악순환 시나리오입니다.

미국의 예산구조가 어떻게 기형적으로 바뀌게 되는 지를
아래 파이 그래프가 잘 보여줍니다.

팬데믹 직전에만 해도 전체 지출 예산 가운데 8%를
이자 지급에 사용했습니다. 이것도 적은 건 아니었습니다만
어쨌든 그랬습니다. 그런데 30년 뒤에는 예산의 4분의 1,
무려 24%를 오로지 이자 내는 데에만 사용해야 합니다.
다른 곳에 쓸 돈이 그만큼 줄어든다는 얘기지요.

정부의 경제 관리 기능, 안전 및 복지 지원, 심지어 국방력에도 심각한 문제가 생길 수 있습니다.

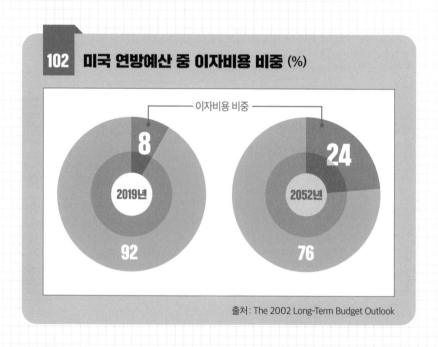

102 미국 연방예산 중 이자비용 비중 (%)

이자비용 비중

8

2019년

92

24

2052년

76

출처: The 2002 Long-Term Budget Outlook

아래 그래프는 미국 연방정부 부채의 평균 만기입니다.
그동안 꾸준히 만기를 꽤 많이 늘린 덕분에 지금은 74개월까지
길어졌습니다. 미국 정부 빚이 모두 만기를 한 번 맞기까지
총 6년이 걸린다는 의미입니다. 따라서 최근에 금리가 많이 올랐지만,
과거 저금리 때 빌린 빚의 비중이 커서 당분간 큰 걱정은 없습니다.
하지만 시간이 갈수록 문제가 심각해집니다.

미국 정부는 과거보다 훨씬 비싸게 된 금리로 빚을 부담해야 합니다.

6년 뒤에는 팬데믹 이전과는 완전히 다른, 완전히 새로운 금리로
돈을 빌린 상태가 될 거라고, 이 그래프는 예고하고 있습니다.

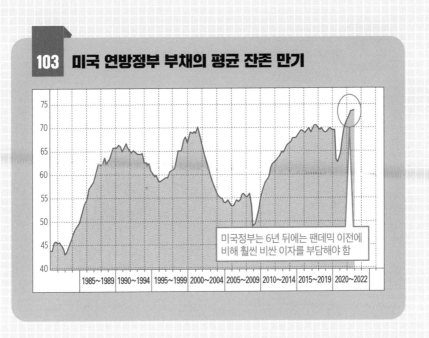

103 미국 연방정부 부채의 평균 잔존 만기

미국정부는 6년 뒤에는 팬데믹 이전에
비해 훨씬 비싼 이자를 부담해야 함

그렇다면 그 엄청난 이자부담을
미국 정부는 어떻게 감당할 수 있을까요?

정공법은 **지출을 줄이고 세금을 올리는 것**입니다.

그러면 재정이 흑자로 돌아서고 부채가 줄면서,

이자부담도 차츰 감소할 겁니다.

하지만 그럴 경우, 앞에서 봤던(216쪽) 이 그래프 모양이 어떻게 될까요?

재정 임팩트가 아주 심각한 마이너스로 곤두박질 칠 게 분명합니다.

경제가 급격한 타격을 입으면서 실업이 크게 증가할 것입니다.

그러면 오히려 재정수지에는 의도했던 것과는 완전히 정반대의 충격이 가해질 수 있습니다.

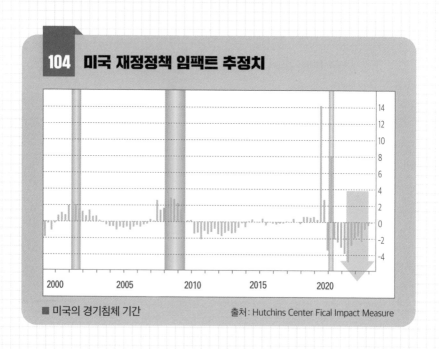

104 미국 재정정책 임팩트 추정치

■ 미국의 경기침체 기간   출처: Hutchins Center Fical Impact Measure

앞에서 봤듯이(215쪽) 경제가 침체에 빠지면 재정수지 적자는
대폭 증가합니다. 세금수입이 크게 줄어드는 한편,
실업수당과 같은 정부 지출 요인이 급증하기 때문입니다.

적자를 줄이고 빚을 갚자고
재정정책을 긴축한 것인데,
여차하면 오히려 더 큰 빚을
떠안기 십상입니다.

지난 2010년대 유로존의 빚 많은 나라들이 실제로
이런 뼈아픈 실패 사례를 경험한 바 있습니다.

빚을 줄이려다 빚이 더 늘었던 겁니다.

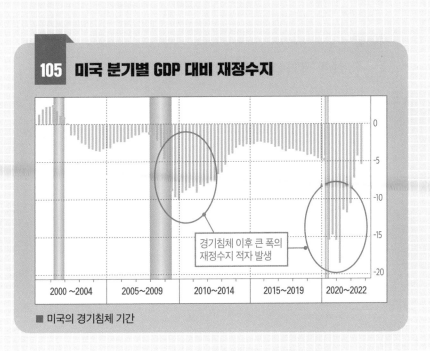

105 미국 분기별 GDP 대비 재정수지

경기침체 이후 큰 폭의
재정수지 적자 발생

2000 ~2004   2005~2009   2010~2014   2015~2019   2020~2022

■ 미국의 경기침체 기간

그렇다면, 도대체 이 엄청나게 불어난
국가부채를 어떻게 관리해 나가야 할까요?
그 현실적인 해답은 어쩌면

세계에서 정부 빚이 가장 많은 나라, 일본이 가졌을 수도 있습니다.

아래 그래프의 빨간색 선은 일본의 GDP 대비
국가부채 비율입니다. 무려 260%에 달합니다.
이제 막 100%가 된 미국은 일본에 비교할 바가 못 됩니다.

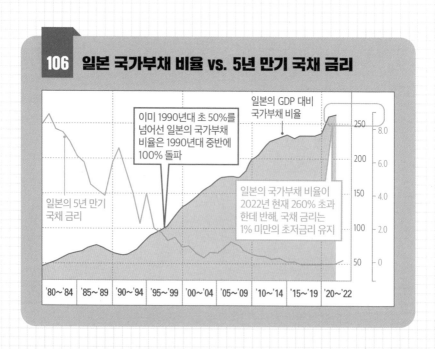

106 **일본 국가부채 비율 vs. 5년 만기 국채 금리**

이미 1990년대 초 50%를 넘어선 일본의 국가부채 비율은 1990년대 중반에 100% 돌파

일본의 GDP 대비 국가부채 비율

일본의 5년 만기 국채 금리

일본의 국가부채 비율이 2022년 현재 260% 초과한데 반해, 국채 금리는 1% 미만의 초저금리 유지

'80~'84 '85~'89 '90~'94 '95~'99 '00~'04 '05~'09 '10~'14 '15~'19 '20~'22

일본은 이미 지난 1990년대에
일찌감치 국가부채 비율 100%선을 넘어섰습니다.
50%를 좀 웃돌던 게, 100%로 올라가는 데에는
긴 시간이 걸리지 않았습니다.
그야말로 순식간이었습니다.
그럼에도 불구하고 일본 정부는 멀쩡해 보입니다.
여전히 많은 빚을 내서 돈을 쓰고 있습니다.
그 비결은 바로 파란색 선, 바닥에 딱 붙어 있는 국채 금리입니다.
국채를 발행해서 돈을 빌려도 정부가 물어야 하는 이자는
거의 0%입니다. 따라서 빚을 걱정할 필요가 없습니다.

빨간색 선, 국가부채 비율이
쉼 없이 증가했지만
파란색 선, 일본 국채금리는
계속해서 떨어졌습니다.
그래서 국가부채 비율은 더욱 더 쉼 없이 계속 증가했겠지요.
그렇다면 일본의 이 초저금리는 어떻게 가능하게 되었을까요?

그 비결은,
바로 일본의 너무 낮은 인플레이션입니다.

지난 1980년대 초 인플레이션을 극복한 이후로
일본의 물가상승률은 굉장히 안정적인 흐름을 이어왔습니다.
특히 거품경제가 붕괴된 지난 1992년 이후로 지금까지 30년 동안
일본의 인플레이션은 2.0%선을 넘어선 적이 거의 없었습니다.
잊을 만하면 아주 가끔 그 2.0%선을 웃도는 때가 있었지만
오래 가지 못했습니다.

지난 30년 동안 일본의 인플레이션은 평균 0.3%였습니다. 물가가 30년 동안 거의 오르지 않았다고 봐도 무방할 정도입니다.

107 일본의 소비자물가(CPI) 전년동월비 상승률

일본의 초저금리 유지가 가능했던 비결은, 물가상승률이 디플레이션에 가까운 흐름을 꾸준히 이어왔기 때문

8.0
6.0
4.0
2.0
0.0
-2.0

1980~1989   1990~1999   2000~2009   2010~2019

지난 30년 동안 일본의 인플레이션을 2.0%라고 하는
정상적인 수치와 대조해 보면 그래프가 아래와 같이 나옵니다.
2.0%를 웃돌았던 사례는 지난 30년 동안 360개월 중에서
28개월에 불과합니다. 전체 기간의 7.8%에 해당합니다.
나머지 332개월, 92.2%의 기간 동안에
일본의 인플레이션은 2.0%보다 낮았습니다.
인플레이션이 2%를 웃돌았던 때보다,
0% 밑으로, 마이너스로 떨어졌던 때가 오히려 훨씬 더 많았습니다.
지난 30년 중에서 거의 절반에 가까운 154개월은 디플레이션,
물가가 1년 전에 비해 '하락'한 때였습니다.

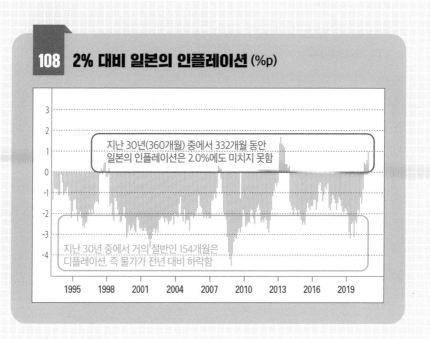

108 **2% 대비 일본의 인플레이션** (%p)

지난 30년(360개월) 중에서 332개월 동안
일본의 인플레이션은 2.0%에도 미치지 못함

지난 30년 중에서 거의 절반인 154개월은
디플레이션, 즉 물가가 전년 대비 하락함

초저금리 정책의 한계 : 일본
닥치고 성장의 민낯 : 중국

자 여기에서 다시 명목 금리와 실질 금리 개념을 떠올려 보겠습니다.

우리가 보통 말하는 금리는 명목 금리입니다.

그래서 만약에 금리가 5%로 꽤 높다고 해도 인플레이션이

7%에 달한다면 예금하는 사람에게 좋을 게 하나도 없습니다.

예를 들어 보겠습니다.

지금 A라는 물건 100개를 살 수 있는 돈 100만원을

은행에 예금했다고 가정합니다.

1년 뒤에는 이자 5%가 붙어서 105만원이 됩니다.

그런데 1년 사이에 물가도 올랐지요. 인플레이션이 7%입니다.

따라서 A라는 물건 100개를 사려면 이제 107만원을 줘야 합니다.

이자가 붙었다고는 해도 예금에서 찾은 105만원으로는 부족합니다.

1년 사이에 내 돈의 가치가 그만큼 줄었습니다.

얼마나 줄었을까요?

명목 금리는 실질 금리에 인플레이션을 더한 값입니다.

진정한 금리, 실질 금리는 명목금리에서 인플레이션을 뺀 값입니다.

사례로 든 이 경우 실질 금리는 5% 빼기 7%, 마이너스 2%입니다.

내 돈의 구매력, 실질 가치가 2% 감소했다는 의미입니다.

그래서 높은 인플레이션은 예금에 들거나 채권에 투자하는 사람들에게 아주 치명적입니다. 반대로, 낮은 인플레이션은 예금주나 채권 투자자들이 아주 좋아할 만한 환경입니다.

명목 금리 vs. 실질 금리

▶ 명목 금리가 5%인데, 인플레이션은 7%
▶ 물건 A를 100개 구매 가능한 100만원을 은행에 예금
→ 1년 뒤 돌려받는 원금과 이자=105만원
→ 1년 뒤 물건 A 100개 가격=107만원
▶ 명목 금리=실질 금리+인플레이션
▶ 실질 금리=명목 금리−인플레이션
→ ∴5%−7%=−2%

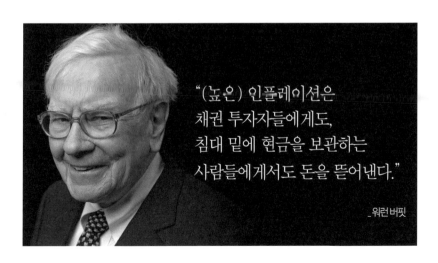

"(높은) 인플레이션은
채권 투자자들에게도,
침대 밑에 현금을 보관하는
사람들에게서도 돈을 뜯어낸다."

_워런 버핏

그럼 다시 아래 그래프를 보겠습니다. 일본의 인플레이션입니다.
2%를 넘기는커녕, 플러스 부호를 유지하는 것조차도 힘들어했던
일본의 이렇게 낮은 인플레이션은 채권 투자자들이 보기에 어땠을까요?
아주 안정적이고 걱정할 일이 거의 없다고 여겨졌을 것입니다.
그래서 정부가 빚을 내려고 채권을 발행하면 명목상 낮은 금리임에도
불구하고 사람들이 불평 없이 적극적으로 사들였습니다.

일본 정부는 이미 많은 빚을 지고 있지만, 물가가 워낙 낮게 안정됐기에 빚을 더 내는데 어려움이 없었습니다.

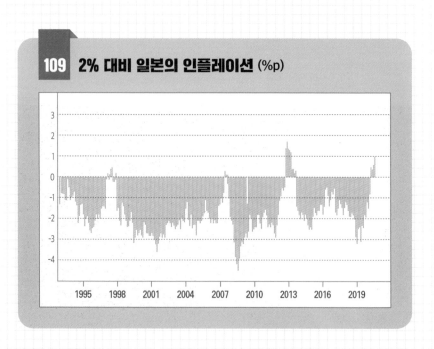

109 **2% 대비 일본의 인플레이션** (%p)

표면적으로 드러나 있는 명목 금리로는 실제로 금리가
높은 지 낮은 지 알 수 없다는 점을 계속해서 강조하고자 합니다.
아래 그래프의 빨간색 선은 지난 30년 동안 일본의 인플레이션입니다.
그리고 파란색 선은 일본 5년 만기 국채가 제공하는 금리입니다.
지난 2013년 중간까지 일본의 국채수익률은 물가상승률보다
제법 높은 수준을 계속 유지했습니다. 명목 금리가 굉장히 낮았지만,
인플레이션은 그보다 훨씬 낮아서 실질 금리가 제법 높았다는 의미입니다.
그런데 최근 10년 들어서 사정이 바뀌었습니다.
인플레이션이 국채 금리를 웃도는 경우가 훨씬 더 많아졌습니다.
실질 금리가 이제는 주로 마이너스라는 의미입니다.
채권 투자자들로서는 굉장히 불리해진 환경입니다.
'정부에 계속해서 큰돈을 빌려줘도 될까?'
의심을 가질 만한 이유가 생겼습니다.

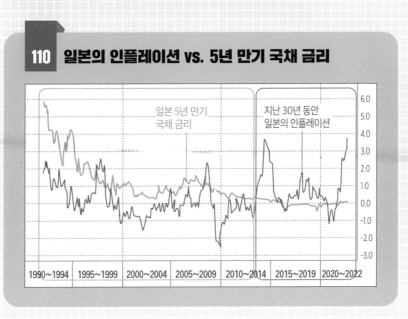

110　**일본의 인플레이션 vs. 5년 만기 국채 금리**

일본 5년 만기
국채 금리

지난 30년 동안
일본의 인플레이션

6.0
5.0
4.0
3.0
2.0
1.0
0.0
-1.0
-2.0
-3.0

1990~1994　1995~1999　2000~2004　2005~2009　2010~2014　2015~2019　2020~2022

일본의 중앙은행, 일본은행의 정책금리는
현재 마이너스 0.1%입니다.
그래서 2년 만기 국채처럼 만기가 짧은 금리 역시
정책금리를 따라서 주로 마이너스입니다.
일본은행은 또 10년 만기 국채 금리가 일정한 수준을 넘지 못하도록,
수익률곡선 통제(YCC: Yield Curve Control, 111쪽)라고 하는

좀 극단적인 양적완화 정책을
계속하고 있습니다.

그래서 10년 만기 금리도 그 상한선 아래에 낮게 깔려 있습니다.

111 **일본의 장단기 금리**

그러나 일본의 30년 만기 국채수익률은
2022년 들어 아주 가파른 상승세를 타기 시작했습니다.
일본에 아주 이례적으로 인플레이션이 찾아왔기 때문입니다.
채권 투자자들의 불만이 굉장히 커졌습니다.
갖고 있던 채권을 팔고, 새로 발행되는 채권을 외면하게 됩니다.
하지만 일본은행은 계속해서
마이너스 정책금리를 고수하고 있습니다.
10년 만기 금리를 찍어 누르기 위해서
양적완화를 계속하고 있습니다.
자연히 엔화 가치가 떨어지고
달러-엔 환율이 올라가서
인플레이션 압력은 더욱 커집니다.
언제까지 버틸 수 있을까요?
만약 일본은행이 마이너스 금리를 포기하고
수익률곡선 통제정책도 폐기한다면
일본의 금리는 어떻게 될까요?
스프링처럼 위로 튀어 오를 수 있습니다.
그러면 일본 정부의 이자 부담은 어떻게 될까요?

아래 그래프는 일본 정부가 발행해 놓은 국채의 규모입니다.
2022년 2분기 말 현재 총 1225조엔에 달합니다.
그동안 계속해서 쉼 없이 빚이 불어났습니다.
그러나 실제로는, 일본의 국가부채는
오히려 최근에 대폭 감소했습니다.
일본은행이 사들여서 갖고 있는 걸 빼고 보면
이렇게 683조엔 밖에 되지 않습니다.
표면적으로 드러나 있는 것의 절반 수준에 불과합니다.

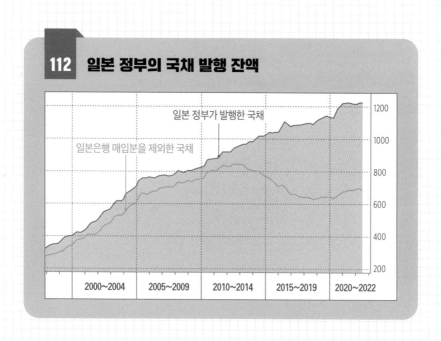

112 일본 정부의 국채 발행 잔액

일본은행은 정부와 한 가족입니다.
국채를 인수해서 정부에 돈을 빌려줬지만
정부로부터 받는 이자는 나중에 다 돌려줍니다.
만기가 되면 연장을 해줍니다.
따라서 정부는 일본은행에 빚을 갚지 않아도 됩니다.
이 모든 일들이 지나칠 정도로 낮은
인플레이션 덕분에 가능했습니다.

구로다 하루히코 일본은행 총재

즉, 국가부채를 지나치게 많이 지게 된 나라는
인플레이션을 지나칠 정도로 낮게 끌어내릴
현실적으로 아주 강한 유인이 있습니다.
미국이 현재 그런 길로 접어들었습니다.

그럼 이제 중국을 잠시 들여다보겠습니다.
앞으로 세계 경제가 만성적인 침체에 빠질 위험이
있다고 보는 중요한 이유 중 하나입니다.
아래 그래프는 중국의 경제성장률입니다.
지난 2010년대 초에만 해도 10%를 넘나드는
초고속 성장을 했던 나라가 바로 중국입니다.
그 덕분에 중국은 경제규모가 세계에서 두 번째로 큰 나라가 됐습니다.
그런데 2022년 3분기, 중국의 경제는 1년 전에 비해
3.9% 성장하는데 그쳤습니다. 물론 유별난 코로나19 방역 정책이
경제활동을 크게 위축시킨 영향이 컸습니다.

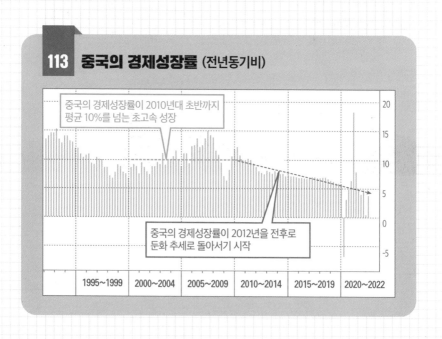

113 **중국의 경제성장률** (전년동기비)

중국의 경제성장률이 2010년대 초반까지
평균 10%를 넘는 초고속 성장

중국의 경제성장률이 2012년을 전후로
둔화 추세로 돌아서기 시작

1995~1999　2000~2004　2005~2009　2010~2014　2015~2019　2020~2022

그러나 중국의 성장률 둔화는
팬데믹 이전부터 이미 두드러지게 나타나기
시작한 추세적인 현상입니다.

중국의 GDP는 전 세계의 19%를 차지합니다.

2023년 한 해에도 전 세계에서 늘어나는 GDP의 약 30%는
중국에서 나올 것으로 예상됩니다. 그런 중국의 성장세가
심상치 않은 속도로 둔화 중입니다.

글로벌 경제 성장에 대한 기여도가
당초 예상했던 것보다 훨씬 낮아질 위험이 존재합니다.

만약 중국 경제가 예상보다
더 크게 둔화하거나 침체될 경우,
그 파장이 전 세계에도 그대로 미칠 수 있습니다.

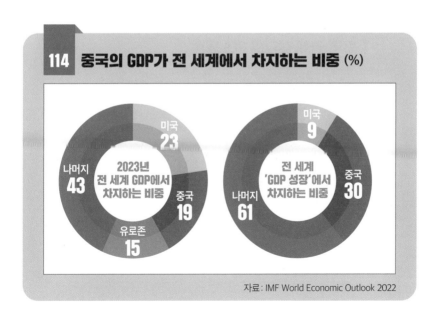

114 중국의 GDP가 전 세계에서 차지하는 비중 (%)

미국 23
나머지 43
2023년 전 세계 GDP에서 차지하는 비중
중국 19
유로존 15

미국 9
전 세계 'GDP 성장'에서 차지하는 비중
중국 30
나머지 61

자료: IMF World Economic Outlook 2022

아래 그래프는 중국의 경제 성장을 담당하는
세 가지 동력의 변천 양상인데요. 2021년까지 상황입니다.
빨간색 선, 최종소비지출의 성장률 기여도가
최근 10년 사이에 빠르게 낮아지고 있습니다.
지난 2000년 이후로는 파란색 선으로 표시된
총고정자본 형성, 그러니까 설비투자나 주택건설 투자가
성장을 주도하는 바통을 이어받았습니다.
그러나 최근 들어서는 이 투자 항목의 기여도 역시
곤두박질치고 있습니다.

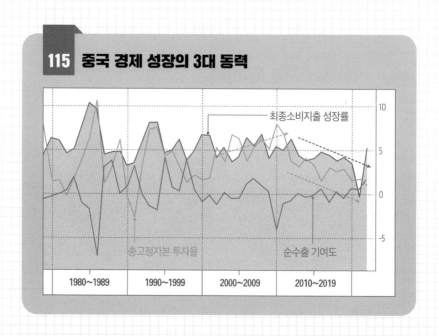

115 중국 경제 성장의 3대 동력

최종소비지출 성장률

총고정자본 투자율   순수출 기여도

1980~1989   1990~1999   2000~2009   2010~2019

빛을 늘려서,
부동산 건설에 투자해서
경제 성장을 부풀려왔는데,
결국 한계에 봉착한 것입니다.
펜데믹 이후로는 주황색 선, 순수출의 기여도가

다시 올라가면서 그나마 경제를 떠받쳐왔습니다.

하지만 2022년 들어서는 이 마저도 여의치 않아졌습니다.

중국의 수출은 2022년 10월부터
전년비 감소세로 돌아섰습니다.

한 나라의 경제가 무리 없이 이뤄낼 수 있는
성장률의 최고 한도를 잠재성장률이라고 합니다.
이 잠재능력은 크게 노동력과 생산성,
더 구체적으로는 노동력과 자본의 양, 생산성
세 가지에 의해 결정됩니다.

중국의 노동력은 이제 GDP 성장을 갉아먹는 요소가 됐습니다.

노동투입을 더 늘려서 생산을 확대하기는커녕,
이제는 노동력이 감소하는 것을 걱정해야 한다는 얘기입니다.
하지만 이 문제는 단기적으로 해결 방법이 없습니다.

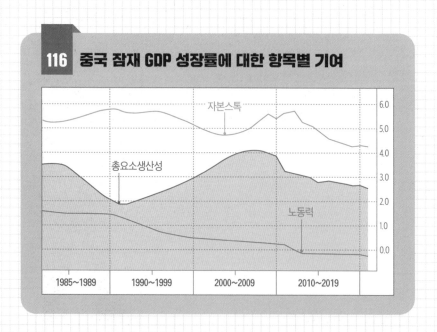

116 중국 잠재 GDP 성장률에 대한 항목별 기여

자본스톡

총요소생산성

노동력

| 6.0 |
| 5.0 |
| 4.0 |
| 3.0 |
| 2.0 |
| 1.0 |
| 0.0 |

1985~1989   1990~1999   2000~2009   2010~2019

노동 대신 자본 투입을 더 늘려서 생산을 확대하는 건 어떨까요?

굉장히 어려운 일입니다. 노동력이 모자라는 상태에서는

자동화에 한계가 있습니다. 게다가 중국 경제는 이미 과도할 정도로

자본 투자가 이뤄졌습니다. 호미와 괭이로 농사를 짓는 사람에게

트랙터가 생기면 생산이 획기적으로 증가할 겁니다. 하지만

이미 트랙터를 가진 농부에게 트랙터 한 대를 더 투입한다고 해서

생산이 딱히 늘기는 어렵습니다. 자본만 낭비하는 결과를 낳습니다.

그래서 중국 경제에서는 자본의 잠재성장률 기여도 역시

이렇게 계속 낮아지고 있습니다.

잠재성장률을 높이는 현실적으로 유일한 방법은 결국 생산성을 높이는 겁니다.

총요소생산성(TFP : Total Factor Productivity)이라고도 부릅니다.

숙련도, 기술 뿐만 아니라 노동과 자본을 결합해서 운영하는 능력 등

질적으로 생산을 확대할 수 있는 모든 역량을 생산성이라고 봅니다.

그런데 이것은 고도의 창의력과 혁신을 요구합니다.

정부가 함부로 나서면 오히려 망치기 쉽습니다.

민간의 주도적인 역할이 절대적으로 중요합니다.

창의와 혁신이 자연스럽게 이뤄지는 포용적인 시스템이 필요합니다.

그러나 최근 중국정부의 산업정책은 거꾸로 간다는 지적을 받고 있습니다.

중국 경제의 만성적 침체 위험은 전 세계 경제에도 큰 영향을 미칩니다.

우리가 앞으로 주시해야 할 아주 중요한 리스크 요인입니다.

이번 6강에서는 인플레이션을 극복한 세계 경제가

향후 만성적인 침체에 빠지게 될 위험에 대해 알아봤습니다.

마지막 제7강에서는 정반대의 위험, 세계 경제가

만성적인 인플레이션에 빠질 리스크를 살펴보겠습니다.

스태그플레이션이 재발할 가능성에 관한 진단입니다.

LESSON
7

위기 이후, 위험 :
만성적 인플레이션

중앙은행의
반복된 실수

지난 6강에서는 인플레이션을 극복한 세계 경제가
만성적인 침체에 빠져들 위험을 살펴봤습니다.
국가부채가 너무 많이 늘어서 재정정책이 다시 긴축적으로
돌아갈 필요성과 가능성, 그리고 너무 많은 국가부채를 감당하려면
아주 낮은 이자율이 필요한데, 그러기 위해서는 인플레이션이
아주 낮아야 할 필요성과 가능성, 이런 점들이
침체를 장기화할 위험이 있다고 설명했습니다.

이른바 중진국 함정에 빠진 중국 경제가
체제의 한계에 봉착해서 이제 저성장에
빠질 가능성 역시 세계 경제의 침체를
장기화할 요소로 꼽을 수 있습니다.
그런데 그 정반대의 위험도 무시할 수 없을 정도로 크게 존재합니다.

마지막 강의, 이번 7강에서는 인플레이션이 길어질 가능성,
그래서 그 장기화된 인플레이션이 결국 스태그플레이션으로
비화될 리스크에 대해서 알아보겠습니다.

인플레이션이 길어진다면,
그 이유는 무엇이겠습니까?
아마도 중앙은행이 통화정책을
제대로 긴축하지 않은 결과일 것입니다.
그러면 중앙은행은 왜
그런 실수를 하게 될까요?
아마도 '고용' 때문일 것입니다.

실업이 너무 많이 발생할까 두려워 긴축을 소홀히 하다가,
결국 인플레이션이 뿌리를 내리도록 방치할 위험이 있습니다.
지난 1970년대가 그랬습니다.

사진작가 찰스 클라이드 에베츠의 작품 <마천루 꼭대기에서의 점심>에
는 1932년 미국 뉴욕의 초고층 건물 록펠러센터 건설 당시 지상 256m
높이에 있는 한 가닥 철제 빔에 걸터앉아 점심식사를 하는 노동자 11명
의 초상이 담겨 있다. 이 한 장의 사진은 대공황 당시 목숨을 건 작업마
저 거부할 수 없었던 참혹했던 고용 현실을 방증한다. 중앙은행으로서는
바로 그 고용현실이 두려웠고, 이는 다시 긴축의 소홀로 인한 장기화된
인플레이션으로 이어지곤 했다.

아래 그래프는 미국의 실업률입니다.

지난 1992년 이후, 최근 30년 동안의 흐름입니다.

현재 실업률은 반세기 만에 가장 낮은 수준입니다. 역대급 인플레이션이 꺾이지 않는 핵심 원인입니다.

제롬 파월 연준 의장은 미국의 노동시장을 두고

"극도로 타이트하다", "건강하지 않다"고 표현했습니다.

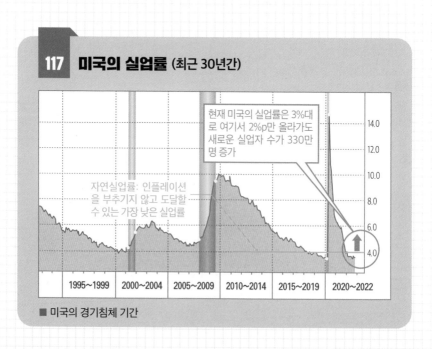

117 **미국의 실업률** (최근 30년간)

현재 미국의 실업률은 3%대로 여기서 2%p만 올라가도 새로운 실업자 수가 330만 명 증가

자연실업률: 인플레이션을 부추기지 않고 도달할 수 있는 가장 낮은 실업률

1995~1999 2000~2004 2005~2009 2010~2014 2015~2019 2020~2022

14.0
12.0
10.0
8.0
6.0
4.0

■ 미국의 경기침체 기간

연준 통화정책 위원들은 이 실업률이 4.0% 정도 되는 게
정상이라고 봅니다. 지난 번 강의 때 개념을 소개했지요?
인플레이션을 부추기지 않고 도달할 수 있는 가장 낮은 실업률,
그 '자연실업률'이 4.0%라고 보는 겁니다(152쪽).

그런데 이미 인플레이션이 발생해버렸습니다.
그걸 뿌리 뽑기 위해서는 단기적으로 자연실업률보다 더 높은 실업이 필요하다고 연준 정책위원들은 말합니다.
그래서 요구되는 실업률이 대략 4.6%라고 합니다.

그런데, 3.5%까지 내려갔던 실업률이 4.6%까지 올라간다면
경기가 침체에 빠질 가능성이 굉장히 높습니다.

과거의 사례를 보면 실업률이 1%포인트 넘게 오르고도
리세션을 모면한 사례는 없었습니다.

그리고 경제는 관성이 있습니다.

실업률이 한 번 오르기 시작하면 상당한 수준까지
그 추세를 지속하다가 멈추게 됩니다.

비교적 완만했던 지난 2000년대 초의 리세션 때도
실업률은 6%대 초반으로 뛰었습니다.

지금 미국의 경제활동인구는 1억6500만명입니다.

실업률이 5%대로 지금보다 2%포인트만 높아져도
330만명의 실업자가 새롭게 발생합니다.

그래서 벌써부터 미국 정치권에서 압력이 가해지고 있습니다.
그 중에서도 미국 상원 은행위원장을 맡고 있는
오하이오 출신 민주당 중진 의원 셰러드 브라운(Sherrod Brown)
의 사례가 최근 화제가 됐습니다.
브라운 위원장은 2022년 10월
제롬 파월 연준 의장에게 서한을 보내,
"강력한 노동시장이 공격적 통화정책에 의해 압도돼서는 안 된다"고
주장했습니다. "이미 인플레이션에 시달리는 미국민들에게
실업은 상황을 훨씬 더 나쁘게 할 것이다. 우리는 수백만
미국민들의 삶을 위태롭게 할 수 없다"라고 밝혔습니다.
그러면서 파월 의장에게 경고했습니다.
"완전고용을 증진해야 한다는 당신의 책무를 잊지 말라!"
미국 상원의 은행위원회는
연준의 업무를 감독하고 감사하는
권한을 가진 주무기관입니다.
연준의 이사나 의장이 되려면
이 위원회의 인사청문회를 통과해야 합니다.
그 위원회의 수장이 문서를 보내 중앙은행에게
경고를 한 것입니다. 연준으로서는 굉장히 신경이
쓰일 수밖에 없는 외압이라고 할 수 있습니다.

셰러드 브라운(왼쪽) 상원 은행위원장과
악수하는 제롬 파월(오른쪽) 연준 의장

셰러드 브라운 미국 상원 은행위원장의 '경고'

"노동시장이 공격적 통화정책에 압도되어서는 안 된다."
"인플레이션에 시달리는 국민들에게 실업은 상황을
훨씬 더 나쁘게 할 것이다."
"완전고용을 증진해야 한다는 당신의 책무를 잊지 말라."

불길한 징후 : 스태그플레이션의 추억

이 스토리를 풀어가기 위해서는 먼저 필립스곡선(Phillips Curve)이란
이론을 이해하고 넘어가는 게 좋겠습니다.

아래 그래프는 미국의 필립스곡선입니다.

가로축은 실업률입니다. 세로축은 인플레이션입니다.

현재 위치는 빨간색 점으로 표시했습니다.

좌상단, 실업률이 역대급으로 낮고
인플레이션은 역대급으로 높은 지점에 있습니다.

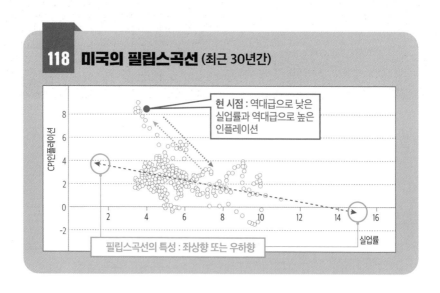

118 **미국의 필립스곡선** (최근 30년간)

현 시점 : 역대급으로 낮은
실업률과 역대급으로 높은
인플레이션

필립스곡선의 특성 : 좌상향 또는 우하향

이 필립스곡선은 대체로 좌상향, 그리고
우하향 하는 특성을 갖습니다.
좌상향, 실업이 낮으면 인플레이션이 높아집니다.
우하향, 실업이 높으면 인플레이션은 낮아집니다.
이론이라고 하는데, 사실은 아주 상식적인 얘기입니다.
그래서 인플레이션을 낮추려면 실업률을 높이는 게 불가피합니다.
물론 인플레이션을 좀 감수하면 실업을 크게 줄일 수도 있습니다.
어떻게 보면, 지금이 그런 상황이지요.
인플레이션이 너무 높은 것은 사실이지만 그냥 좀 참으면 안 될까?
실업이 늘어나는 것보다는 차라리 물가가 좀 오르는 게 더 낫지
않느냐는 주장이 자연스럽게 나오는 겁니다.
그런데 이건 오해, 잘 못된 생각이라는 게 많은 경제학자들이
오랜 연구 끝에 내린 결론입니다.

인플레이션이 너무 높은 상태를 오래 방치하면
시간이 지나서 결국 고용도 나빠져
실업이 증가한다는 겁니다.
좌상향, 우하향하는 이 필립스곡선 이론은
단기적으로는 가능해 보여도
장기적으로는 통하지 않는다는 겁니다.
지난 1970년대에 인류가
스태그플레이션(stagflation)이라고 하는
아주 낯선 경제현상을 경험하면서 얻어낸
아주 값진 교훈입니다.
이 교훈을 함께 체험하기 위해서 과거로 한 번 돌아가 보겠습니다.

스태그플레이션 하면 1970년대가 딱 떠오르지요.

'The Great Stagflation,
대(大) 스태그플레이션의 시대'라고 부릅니다.

경기가 나쁜데도 물가는 계속 뛰어오르는 현상입니다.

그 스태그플레이션이 어디에서 시작됐는지

거슬러 올라가보겠습니다.

아래 그래프는 1960년대 초반의 미국 필립스곡선입니다.

7%를 웃돌던 실업률이 5% 밑으로 떨어집니다.

그럼에도 불구하고 인플레이션은 2% 아래에

낮게 깔린 채 안정적으로 유지됐습니다.

그렇다면 실업률을 더 낮춰도 되겠구나 싶겠지요.

그래서 정부가 경제를 계속 부양합니다.

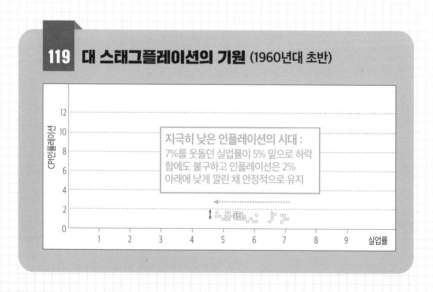

119 대 스태그플레이션의 기원 (1960년대 초반)

지극히 낮은 인플레이션의 시대 :
7%를 웃돌던 실업률이 5% 밑으로 하락
함에도 불구하고 인플레이션은 2%
아래에 낮게 깔린 채 안정적으로 유지

이제 1960년대 후반을 보겠습니다.

실업률이 더 떨어지니까 인플레이션이 높아집니다.

좌상향하는 아주 교과서적인 필립스곡선입니다.

그런데 실업률이 아주 낮은 지점까지 내려가니까

필립스곡선이 수직으로 일어서기 시작합니다.

고용이 더 이상 개선되지 않는 상태에서 인플레이션만 계속 높아지고 있다는 의미입니다.

1960년대 말에 나타난 현상입니다.

최근 미국에서 목격되고 있는 필립스곡선의 움직임도

이것과 놀라울 정도로 똑같습니다.

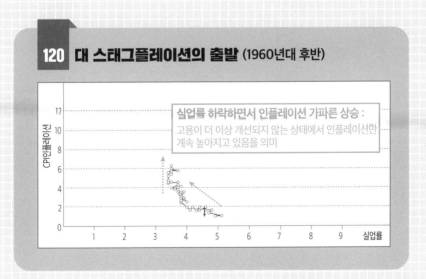

120 대 스태그플레이션의 출발 (1960년대 후반)

실업률 하락하면서 인플레이션 가파른 상승 :
고용이 더 이상 개선되지 않는 상태에서 인플레이션만
계속 높아지고 있음을 의미

이제 1970년대 초반입니다.

인플레이션이 높아진 상태에서 실업이 늘기 시작합니다.

그래서 인플레이션이 다시 낮아집니다.

덕분에 실업이 다시 줄어듭니다.

하지만 실업이 크게 줄지도 않았는데도

인플레이션이 금세 다시 솟구치기 시작합니다.

물가가 불안해지니까 실업이 다시 급증합니다.

실업이 크게 늘었는데도 불구하고 인플레이션은 떨어지지 않습니다.

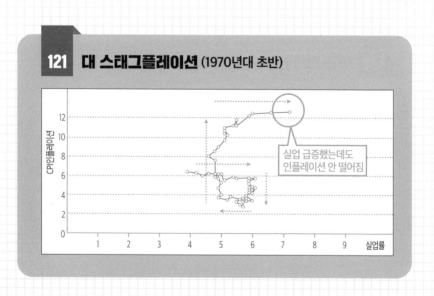

121 대 스태그플레이션 (1970년대 초반)

실업 급증했는데도
인플레이션 안 떨어짐

1970년대 초반을 큰 틀에서 보면
필립스곡선이 뒤집어졌음을 알 수 있습니다.
좌상향이던 방향이 우상향으로 바뀌었습니다.
실업이 늘었는데 인플레이션도 함께 높아집니다.
상식을 완전히 파괴하는 현상입니다.
이 낯선 흐름을 다시 규정한다면, 인플레이션이 높아져서,

물가가 불안해져서 실업이 늘어나는 것

이라고 설명할 수 있겠습니다.
이제 필립스곡선은 죽었습니다.
인플레이션이 좀 더 높아지는 걸 감수하면
고용을 더 늘릴 수 있다는 생각이
더 이상 통하지 않게 됐습니다.

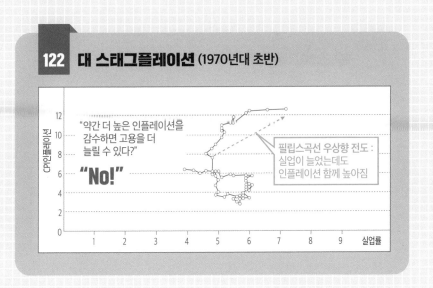

122 대 스태그플레이션 (1970년대 초반)

"약간 더 높은 인플레이션을 감수하면 고용을 더 늘릴 수 있다?"

"No!"

필립스곡선 우상향 전도 :
실업이 늘었는데도
인플레이션 함께 높아짐

CPI인플레율 전년대비

실업률

1970년대 후반으로 접어들었습니다.

한동안 경제가 정상을 되찾는 듯했습니다.

인플레이션이 빠르게 낮아지고 실업도 줄기 시작했습니다.

그런데 얼마 가지 못해서 인플레이션이

더 이상 떨어지지 않고 다시 올라갑니다.

실업이 그다지 많이 준 것도 아닌데 인플레이션이 수직으로 솟구쳐 올라갑니다.

실업률은 여전히 6% 안팎으로 높습니다.

하지만 이런 상황에서 실업을 줄이겠다고,

고용을 늘리겠다고 부양에 나섰다간

인플레이션의 고삐가 아예 풀려버리고 말겠지요.

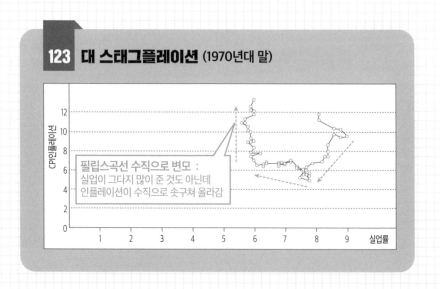

123 **대 스태그플레이션** (1970년대 말)

필립스곡선 수직으로 변모 :
실업이 그다지 많이 준 것도 아닌데
인플레이션이 수직으로 솟구쳐 올라감

(세로축) CPI인플레이션율
(가로축) 실업률

1960년대 후반 이후 1970년대 말까지,
'대 스태그플레이션의 시대'를 한 눈에 보면 아래와 같습니다.
좌상향해야 마땅할 필립스곡선이 뒤집어졌습니다.
추세적으로 좌하향, 우상향했습니다.

인플레이션을 본격적으로 촉발하는
실업률의 수준이 반복해서
높아지고 또 높아졌습니다.
그 사이에 인플레이션의 높이도
반복해서 올라갔습니다.

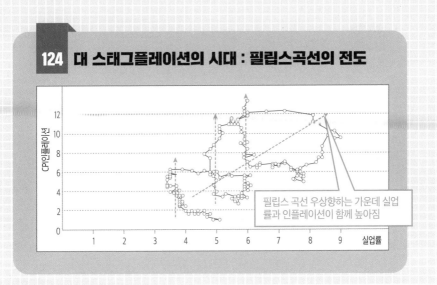

124 대 스태그플레이션의 시대 : 필립스곡선의 전도

필립스 곡선 우상향하는 가운데 실업률과 인플레이션이 함께 높아짐

그래서 결국 미국의 중앙은행, 연준이 칼을 빼들었습니다.

1980년대 초반을 보겠습니다.

연준이 살인적인 긴축에 나서면서 대량 실업을 유발했습니다.

돈을 못 벌면 사람들은 소비를 하기 어렵습니다.

인플레이션이 빠른 속도로 떨어집니다.

물가가 안정되니까 실업이 대대적으로 줄어듭니다.

그래도 인플레이션은 거의 높아지지 않습니다.

드디어 물가를 잡은 겁니다.

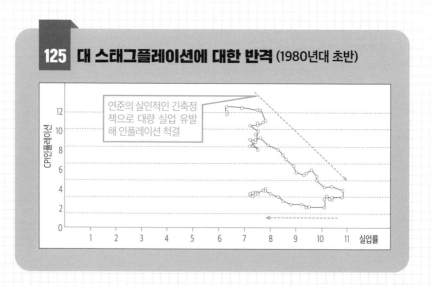

125 대 스태그플레이션에 대한 반격 (1980년대 초반)

연준의 살인적인 긴축정책으로 대량 실업 유발해 인플레이션 척결 그 결과, 1980년대 후반 이후의 모습은 이렇게 됐습니다.

빨간색 선, 실업률이 올라가면 파란색 선, 인플레이션이 낮아집니다.

경기를 좀 띄우면 인플레이션이 조금 올라가는 가운데 실업이 감소합니다.

실업과 인플레이션의 상호 보완적인 관계가 되살아났습니다.

인플레이션을 낮춘 상태에서 크게 오르지는 못하도록

제한을 했더니 가능해진 일입니다.

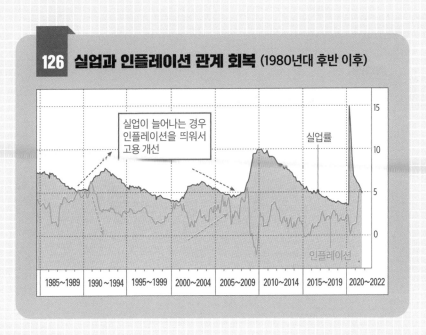

126 **실업과 인플레이션 관계 회복** (1980년대 후반 이후)

실업이 늘어나는 경우
인플레이션을 띄워서
고용 개선

실업률

인플레이션

1985~1989 | 1990~1994 | 1995~1999 | 2000~2004 | 2005~2009 | 2010~2014 | 2015~2019 | 2020~2022

이것은 팬데믹이 발생하기 직전까지
10년 동안의 미국 필립스곡선입니다.

실업이 대대적으로, 꾸준히 감소했는데도 불구하고 인플레이션은 대체로 2% 아래에 계속 낮게 깔렸습니다.

필립스곡선이 거의 죽었다는 얘기가 나왔습니다.
'실업을 더 줄여도 되겠구나'라는 야심을

중앙은행이 다시 갖게 됐습니다. **불길한 징후**였습니다.

1960년대 초반의 연준을 떠올리게 했으니까요.

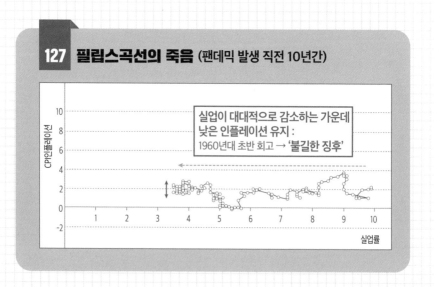

127 **필립스곡선의 죽음** (팬데믹 발생 직전 10년간)

실업이 대대적으로 감소하는 가운데
낮은 인플레이션 유지 :
1960년대 초반 회고 → '불길한 징후'

CPI인플레이션

실업률

아래 그래프는 팬데믹 쇼크 이후, 지금까지의 모습입니다.
실업이 빠르게 줄더니 인플레이션이 뛰기 시작했습니다.
다행히 인플레이션은 더 악화하길 멈추고 실업률이
다시 떨어집니다. 하지만 이후에는 실업률 하락 속도가 더뎌지고
인플레이션이 상승하는 속도가 더 빨라집니다.
필립스곡선이 수직으로 일어서려는 모습입니다.
이를 방치하면 필립스곡선이 우상향으로
뒤집어진다는 게 1970년대의 교훈입니다.

인플레이션이 장기화하면 결국
스태그플레이션이 발생한다는 겁니다.

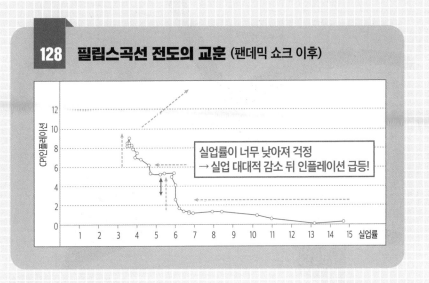

128 **필립스곡선 전도의 교훈** (팬데믹 쇼크 이후)

실업률이 너무 낮아져 걱정
→ 실업 대대적 감소 뒤 인플레이션 급등!

스태그플레이션은 경기가 나쁘고
실업이 많은데도 불구하고
물가는 계속해서 많이 오르는 현상입니다.

인플레이션이 더욱 '악성'으로 변질된 경제상태를 뜻합니다.

이런 황당한 상태를 끝내려면 지난 1980년대처럼

대량의 실업을 촉발해 인플레이션의 뿌리를 뽑아야 합니다.

그런 비극을 자초하지 말고 미리 물가를 잘 관리하라는 게

1970년대, 역사의 교훈입니다.

inflation
unemployment

stagflation

recession

그러나 앞서 미국 상원 은행위원장의 경고사례에서 보았듯이,

고용을 위해서 높은 인플레이션을
좀 감수하면 안 되겠느냐고 하는
인식이 여전히 팽배합니다.
그 요구에 대해 중앙은행이
아주 단호하게 '안 됩니다'라고
답하는 것은 굉장히 어려운 일일 겁니다.

1970년대의 인플레이션을 종식시킨 사람은
1980년대 초까지 연준을 이끌었던 폴 볼커(Paul Volcker)입니다.
그런데 그 볼커 의장 역시도 사실은
큰 실수를 한 번 저질렀습니다.
1979년 여름에 취임한 볼커 의장은 1980년 봄까지
금리를 거의 20%로 올렸습니다.
그만 좀 하라는 항의와 압박이 연준에 빗발쳤습니다.
농업은 전통적으로 빚을 많이 지는 산업입니다.
고금리에 질식한 미국의 농부들이 트랙터를 몰고와
연준 본부를 봉쇄해버렸습니다.
여야 할 것 없이 정치인들이 금리를 다시 내리라고
연준을 강력하게 몰아붙였습니다.
1980년 5월, 경기침체 속에서 실업률이 대폭 뛰어올랐습니다.
볼커의 연준은 결국 정책전환을 결심했습니다.
금리를 급격하게 인하했습니다.

인플레이션이 계속해서 높아지는
상황임에도 불구하고
연준은 공격적인 완화정책으로 선회했습니다.
볼커 의장의 신뢰는 타격을 받았습니다.
물가를 잡을 수 있는 사람인지 의심이 생겼습니다.
기대 인플레이션의 고삐가 풀린 상태에서
실제 인플레이션은 10%를 계속해서 웃돌았습니다.
1980년 7월, 경기침체가 끝나자 연준은 금리를
다시 올리기 시작했습니다.

폴 볼커

그러나 볼커 연준의 신뢰에는 이미 금이 간 상태였습니다.
그래서 결국 금리를 무려 20%까지 끌어 올려야만 했습니다.
당시 연준은 10%를 넘는 고금리 정책을
거의 2년 동안 지속해야만 했습니다.
실업률이 10%를 넘어서고 인플레이션이 5% 밑으로
떨어지는 걸 보고 나서야 연준은 금리를
10% 아래로, 한 자릿수로 인하했습니다.

그제서야 미국의 경제는
침체에서 벗어났습니다.
실업률도 인플레이션과 함께
계속해서 떨어졌습니다.

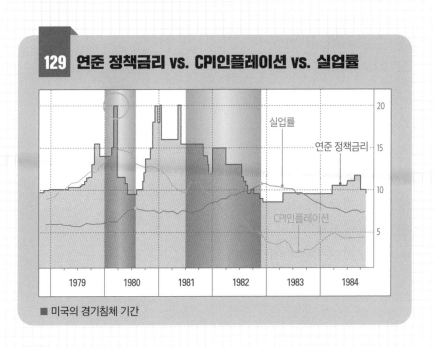

129 연준 정책금리 vs. CPI인플레이션 vs. 실업률

실업률

연준 정책금리

CPI인플레이션

1979   1980   1981   1982   1983   1984

■ 미국의 경기침체 기간

그동안 미국 연준은 물가안정보다는 경기를 부양하는데
더 관심을 기울이는 편향성을 보여왔습니다.
이 점도 인플레이션을 만성화할 리스크를 잠재하고 있습니다.
연준의 통화정책 결정기구인 연방공개시장위원회(FOMC)는
매년 1월에 통화정책의 장기 목표와 그 전략을 설정해 발표합니다.
그런데 인플레이션이 이미 심각해진 2022년 발표문에도
변화는 전무했습니다. 인플레이션이 평균적으로 2%가 되도록
통화정책을 운영한다는 기본 원칙을 재확인하면서,
2%를 넘는 인플레이션을 한동안 용인하는 게 바람직하다는
기존의 입장을 고수했습니다.
그 성명서는 2022년 1월 24일에 발표된 것입니다.

미국의 물가상승률이 7%선까지 넘어선
사실이 확인된 때였는데도 불구하고
연준은 여전히 인플레이션의 오버슈팅,
물가상승률이 목표를 넘어도 내버려두는
'고용 우선'의 낡은 전략을
버리지 못하고 있었습니다.

그래서 연준은 팬데믹 위기 때 도입했던 양적완화 정책도
2022년 3월 초까지 계속했습니다. 인플레이션이 8%에 육박할
때까지도 지금 연준의 정책위원들은
초고도의 비전통적인 부양정책 수단을
버리지 못하고 있었던 것입니다.

"장기 기대 인플레이션을 이 수준에 고정하기 위해
위원회는 인플레이션이 시간을 두고
평균 2%가 되는 것을 달성하고자 한다."

따라서 인플레이션이 지속적으로 2%를
밑돈 시기 뒤의 통화정책은
인플레이션이 한동안 2%를 온건하게 웃도는 것을
목표로 삼는 게 적절하다고 판단된다."

_ 미국 FOMC의 '장기 목표 및 통화정책 전략' 중에서

연준은 팬데믹 위기 때 지녔던 초고도의 비전통적인 부양정책 수단들을 인플레이션이 8%에 육박
할 때까지도 버리지 못했다. 이미지는 팬데믹이 절정이던 2020년 6월경 언택트로 열린 FOMC 회
의에서 테이블에 혼자 앉아 화상으로 회의를 진행하던 제롬 파월 연준 의장.

스프레드를
줄이기 위해 존재하는
중앙은행?!

자, 그럼 이제는 세계에서 두 번째로 중요한 중앙은행인
유럽중앙은행(ECB)의 문제를 한 번 짚어 보겠습니다.
유럽의 19개 나라는 유로화라고 하는 단일 통화를 사용합니다.
그래서 이 19개 나라들은 절대불변의 고정환율을
서로 적용하는 것과 같은 경제적 효과를 얻습니다.
화폐만 놓고 보면 같은 나라나 마찬가지이지요.
그러면 국가간 무역이 훨씬 활발해집니다. 그런데 문제는,
19개 나라의 경제 펀더멘털이
제각각이라는데 있습니다.
지금 유로존의 가장 우려되는 잠재적 취약성은 이탈리아입니다.
빚을 너무 많이 진 나라에게는 사람들이 돈을 잘 빌려주지 않지요.
빌려주더라도 이자를 많이 받으려고 할 겁니다. 아주 상식적인 얘기입니다.
그런데 이탈리아는 빚이 '너무' 많습니다. 빚이 많은데 이자까지 높게
물어야 한다면, 정부 예산의 너무 많은 부분을 오로지 이자 내는 데에만
사용해야 합니다. 경제성장을 지원하는 정부 차원의 투자사업 같은 것은
생각하기 어려워집니다. 그래서 GDP가 잘 성장하지 못하면
GDP 대비 국가부채 비율은 더 빠르게 올라갈 수 있습니다.

아래 그래프의 빨간색 선은

이탈리아의 국가부채 비율입니다.

GDP의 150%를 넘습니다.

국가부채 액수로 따지면
유럽 전체의 확고부동한 1등입니다.

파란색 선은 독일의 국가부채 비율입니다.

GDP의 60%대로, 이탈리아의 절반도 되지 않습니다.

두 나라의 국가부채 비율 차이는 글로벌 금융위기 이후,

그리고 유로존 재정위기 이후 반복해서 크게 벌어졌습니다.

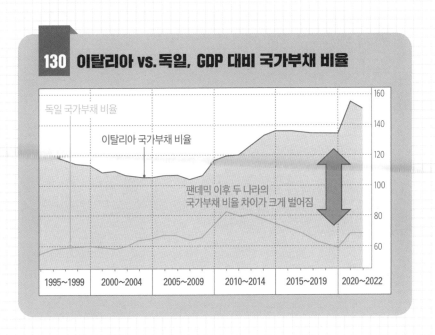

130 이탈리아 vs. 독일, GDP 대비 국가부채 비율

독일 국가부채 비율

이탈리아 국가부채 비율

팬데믹 이후 두 나라의
국가부채 비율 차이가 크게 벌어짐

1995~1999 | 2000~2004 | 2005~2009 | 2010~2014 | 2015~2019 | 2020~2022

160 140 120 100 80 60

아래 그래프의 빨간색 선은 이탈리아 10년 만기 국채수익률입니다.
파란색 선은 독일의 10년 만기 국채수익률입니다.
상식에 부합해서 두 나라 금리가 차별적으로 형성돼 있습니다.
빚이 적고, 상대적으로 잘 사는 독일의 금리는
지금도 2%대로 낮습니다.
하지만 빚이 많고, 상대적으로 덜 잘 사는
이탈리아의 금리는 4%를 웃돕니다.

이탈리아 정부가 돈을 빌리려면
독일 정부보다 두 배 높은
이자를 물어야 합니다.

131 이탈리아 vs. 독일, 10년 만기 국채수익률

금융위기 이전까지만 해도 양국의
금리차는 거의 나지 않았음

독일 10년 만기
국채수익률

이탈리아 10년 만기
국채수익률

7.0
6.0
5.0
4.0
3.0
2.0
1.0
0.0
-1.0

2005~2009   2010~2014   2015~2019   2020~2022

금융위기 이전에만 해도 두 나라의 금리는
거의 차이가 없었습니다.
하지만 위기를 겪으면서 환상이 깨졌고,
그래서 두 나라에 대한 투자자들의 차별대우가
아주 심해졌습니다.
차별이 억울하면 빚을 갚으면 되는데,
정부가 부채를 줄인다는 게 사실은
불가능에 가까운 일로 지금 돼 있습니다.
전 세계적으로 그렇습니다.

아래 그래프는 이탈리아와 독일 10년 만기 국채수익률의

스프레드, 금리차를 기록한 것입니다. 유로존의 상황을 파악하려면 반드시 체크해야 하는 핵심 지표입니다.

스프레드가 200bp를 넘어서면 주의하라는 경보로 간주됩니다. 300bp를 돌파하면 위기로 향하고 있다는, 심각한 경계경보가 울린 겁니다. 그리고 400bp를 넘어서게 되면 이탈리아뿐만 아니라 유럽 전체가 이미 위기 상태에 돌입한 것으로 간주됩니다.

132 이탈리아 vs. 독일 10년 만기 금리차 (lo spread)

2011년 말 스프레드 500bp 돌파 → 이탈리아 총리 사임

스프레드 400bp 초과시 유럽 전체 위기 상황 돌입

스프레드 300bp 초과시 심각한 위기경보

스프레드 200bp 초과시 주의경보

2005~2009   2010~2014   2015~2019   2020~2022

금융위기 이전에만 해도 두 나라의 금리차는 거의 무시할 수 있을 정도로
작았습니다. 그러나 지난 2011년 말에는 500bp, 5%포인트 넘게
벌어졌습니다. 이탈리아 정부가 돈을 빌리려면 독일 정부보다
원금의 5%나 되는 이자를 매년 더 내야 한다는 얘기였습니다.
이탈리아처럼 빚이 많은 나라로서는 거의 사망선고나 마찬가지였습니다.
그런 고금리를 과연 몇 년이나 버틸 수 있겠습니까?
그런데 당시에 왜 그런 일이 발생했을까요?
이탈리아 정부가 채권 투자자들의 신뢰를 잃었기 때문에 발생한
사태였습니다. 이탈리아에서는 이 금리차 지표를 'lo spread'라고 부릅니다.
'lo spread'는 굉장히 무서운 지표입니다.
지난 2011년, 'lo spread'가 치솟고 정부가 더 이상 돈을 빌릴 수
없는 지경이 되자 당시 이탈리아 총리가 사임했습니다.
새로 들어선 이탈리아 정부는 대대적인 개혁을 약속하면서
ECB의 지원을 받았습니다. 그제서야 이탈리아는
가까스로 위기를 모면할 수 있었습니다.

이탈리아에서는 총리 하나쯤
그냥 날려버릴 수 있는
위력을 바로 'lo spread'가 갖고 있습니다.

이 스프레드는 이탈리아 정부와 경제에 대한
시장의 신뢰가 독일에 비해 얼마나 더 나빠졌는지를 보여줍니다.
이탈리아는 주요 7개국, G7의 일원입니다.
유로존에서 경제규모가 세 번째로 큰 나라입니다.
정부 빚이 많기로는 유로존에서 1등입니다.
독일과 같은 유럽 주요국 국민들이 이탈리아에 받을 돈이 많습니다.

부채 상환에 문제가 생기면 그 충격파가 유럽 전체에
엄청나게 퍼지게 됩니다. 그래서 유로존 재정위기 이후
ECB는 이탈리아 국채를 대량으로 매입해서 금리가
함부로 뛰지 못하도록 개입을 해 왔습니다.
하지만 계속 그렇게 도와주면
이탈리아 정부는 당연한 걸로 여깁니다.
개혁을 하고 재정수지를 개선하려는 노력을
게을리 할 위험이 있습니다. 도덕적 해이입니다.
그러면 문제는 더 심각해집니다.
이러지도 저러지도 못하는 그런 심각한 딜레마가
팬데믹 금융위기 당시 드라마틱하게 표출됐습니다.

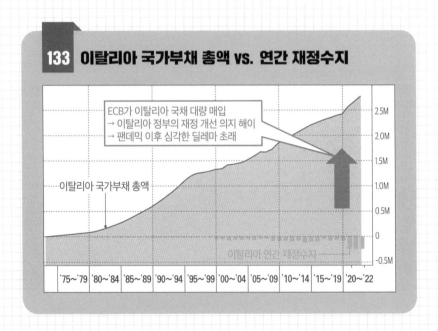

133 이탈리아 국가부채 총액 vs. 연간 재정수지

ECB가 이탈리아 국채 대량 매입
→ 이탈리아 정부의 재정 개선 의지 해이
→ 팬데믹 이후 심각한 딜레마 초래

이탈리아 국가부채 총액

이탈리아 연간 재정수지

2.5M
2.0M
1.5M
1.0M
0.5M
0
-0.5M

'75~'79 '80~'84 '85~'89 '90~'94 '95~'99 '00~'04 '05~'09 '10~'14 '15~'19 '20~'22

아래 그래프는 지난 2020년 3월 12일 하루 동안의
이탈리아 10년 만기 국채수익률의 움직임입니다.
1.2% 부근에서 거래되던 금리가 순식간에 1.5%를 넘어서더니
급기야는 1.9%까지 솟아올랐습니다.
대체 무슨 일이 있었던 걸까요?
그날 ECB는 폭풍처럼 불어닥친 팬데믹 쇼크에 대응해
대규모로 돈을 풀 계획을 발표하고 있었습니다.
그럼에도 불구하고 이탈리아의 국채 금리는
고삐가 풀린 듯이 뛰었습니다.

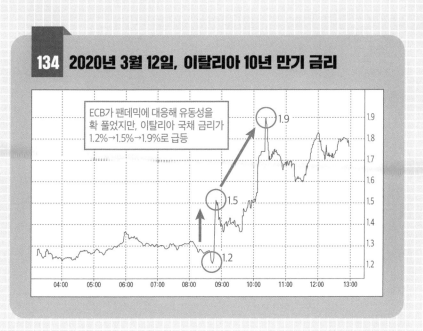

134 2020년 3월 12일, 이탈리아 10년 만기 금리

ECB가 팬데믹에 대응해 유동성을
확 풀었지만, 이탈리아 국채 금리가
1.2%→1.5%→1.9%로 급등

그날 기자회견에서 크리스틴 라가르드(Christine Lagarde) ECB 총재는
좀 까칠하면서도 껄끄러운 질문을 기자들로부터
반복해서 받았습니다.
그 중 한 기자가 단도직입적으로 물었습니다.
"팬데믹으로 이탈리아가 특히 큰 타격을 받고 있습니다.
만약 스프레드가 벌어진다면 ECB는 어떻게 하겠습니까?"
이 질문에 라가르드 총재가 발끈하면서 답했습니다.

"모든 유연성을 발휘할 겁니다.
하지만 우리가 스프레드를 없애기 위해
여기에 있는 건 아닙니다.
그건 ECB의 기능도 임무도 아닙니다."

라가르드 총재의 발언은 사실 당연한 얘기였습니다.
중앙은행이 정부 이자를 줄여주기 위해
존재하는 기관은 아니지요.
하지만 당시 ECB는 이미 이탈리아 금융시장을
어떤 식으로든 지원해줄 계획을 갖고는 있었습니다.
그래도 혹시 도덕적 해이 문제가 발생할 수 있다고 보고
표면적으로는 경계를 하는 전략적 발언을 했을 가능성이 높습니다.

그러나 라가르드 총재의 이 발언은,
결과적으로 ECB의 역사를
바꿔 버렸습니다.

크리스틴 라가르드 ECB 총재

"이탈리아가 팬데믹으로 큰 타격을 입고 있다.
국채 금리 스프레드가 벌어지면
ECB는 어떻게 하겠는가?"

- 기자의 질문

"우리가 스프레드를 없애기 위해
여기에 있는 것은 아니다.
그것은 ECB의 기능도 임무도 아니다."

- 크리스틴 라가르드 ECB 총재의 답변

_ 2020년 3월 12일 기자회견 중에서

그날, 2020년 3월 12일!
이탈리아 금융시장에서 모든 금리의
기준이 되는 국채 10년 만기물의
수익률이 단 하루만에
무려 60bp 가까이 뛰었습니다.
역사상 이렇게 금리가
폭등했던 날은 과거에 전혀 없었습니다.
그 이후로도 이 기록은
깨지지 않고 있습니다.

135 이탈리아 국채 10년물 금리 일일 변동폭

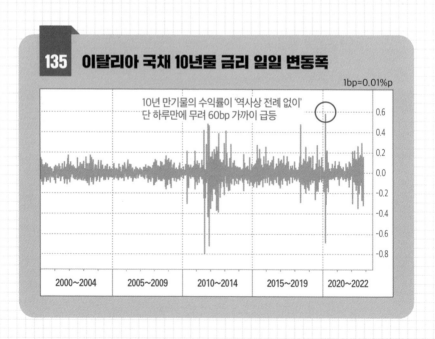

그날 하루 이탈리아 국채 금리가 60bp 뛰었다고 했는데,
60bp는 0.6%포인트와 같은 뜻입니다.
'bp(basis point)'라는 것은 금리의 차이 또는
변화 폭을 잴 때 주로 사용하는 단위입니다.
1bp는 0.01%포인트입니다.
과거 중앙은행들은 금리를 한 번 변경할 때
보통 25bp씩 움직였습니다.
0.25%포인트씩 올리거나 내렸습니다.

최근 미국 연준은 4차례 연속해서
75bp 단위로 금리를 인상했지요.
회의 네 번 열어서 금리를 3%포인트나
인상했다는 뜻입니다.
그런데 2020년 3월에만 해도 채권시장에서
금리가 단 하루에 60bp나 오르는 것은
상상도 할 수 없었던 일입니다.
중앙은행의 말 한마디가 그만큼
크고 중요하다는 사실을 보여줬습니다.

결국 ECB가 개입에 나섰습니다.

사태 발생 6일 뒤 긴급회의를 열어 7500억유로 규모의

새로운 채권매입 프로그램을 발표했습니다.

'팬데믹 긴급 매입 프로그램(PEPP : Pandemic Emergency Purchase

Programme)'이란 이름이 붙여졌습니다.

기존의 양적완화와는 달리
특정국가의 특정채권을
집중적으로 사들일 수 있는
고도의 유연성을
이 프로그램에 부여했습니다.

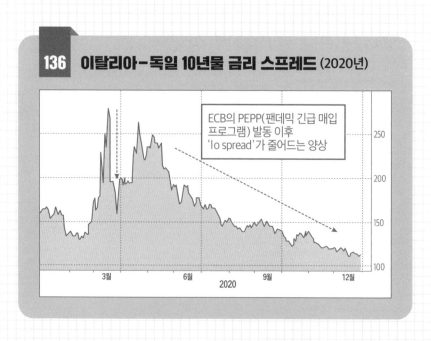

136 이탈리아-독일 10년물 금리 스프레드 (2020년)

ECB의 PEPP(팬데믹 긴급 매입
프로그램) 발동 이후
'lo spread'가 줄어드는 양상

3월   6월   9월   12월

2020

ECB가 이 프로그램을 활용해

이탈리아 국채를 대거 매입해 준다면,

독일과의 금리차, 이른바 'lo spread'를

줄일 수가 있습니다. 이제 ECB가 바로,

'그 스프레드를 줄이기 위해 존재하는 중앙은행'

을 자임하고 나선 것입니다.

이 PEPP라는 이름의 대규모 채권매입 프로그램은

실제로 유로존 붕괴위험을 측정하는 게이지,

이탈리아-독일 국채 금리 스프레드를 줄이기 위한

수단이 됐습니다. 중앙은행이 의도한 대로,

유럽에서 가장 유명한 그 스프레드는

이후 대대적으로 줄어드는 흐름을

꾸준히 전개했습니다.

독일 프랑크푸르트에 소재한
유럽 중앙은행(ECB)

그러나 그걸로 문제가 끝난 것은 아니었습니다.

100bp 안팎까지 줄었던 이탈리아와 독일 금리의 스프레드는

2021년 가을부터 1년 넘도록 꾸준히, 쉼 없이

다시 벌어지기 시작했습니다.

인플레이션이 심해지고
중앙은행의 긴축이 가속도를 냄에 따라
이탈리아 국채와 같은
상대적으로 위험한 채권을
사람들이 꺼리게 된 것입니다.

137 **이탈리아 - 독일 10년물 금리 스프레드** (2021년 이후)

인플레이션 심화로 중앙은행이 긴축에 돌입하자 이탈리아 국채와 같은 상대적으로 위험한 채권을 꺼리면서 스프레드가 다시 벌어짐

그래서 이탈리아 중앙은행은 독일 중앙은행에 비해
긴축정책에 소극적인 태도를 보입니다. 그렇다고 해서

독일 중앙은행이 이탈리아의 사정을 완전히 무시할 수도 없습니다. 독일과 이탈리아는 경제적 운명 공동체입니다.

138 이탈리아 vs. 독일, 소비자물가 인플레이션

이탈리아 소비자물가 인플레이션

독일 소비자물가 인플레이션

12.0
10.0
8.0
6.0
4.0
2.0
0.0
-2.0

2002 ~2004 | 2005~2009 | 2010~2014 | 2015~2019 | 2020~2022

단일 통화를 쓰고 있는 유로존 19개 국가 모두가
스스로 그렇게 운명 공동체가 되기로 선택했습니다.
한 나라에 심각한 문제가 생기면
단일 통화 시스템 전체가 무너집니다.
따라서 화폐제도가 붕괴되면
그 어떤 나라도 온전하게 남을 수가 없습니다.

그래서 유럽의 중앙은행은 자칫, 인플레이션 파이팅보다는 국채시장의 안정에 더 관심을 기울일 위험성을 내포하고 있습니다.

인플레이션이 아주 고삐가 풀리도록
내버려두지는 않겠지만,
긴축을 좀 느슨하게 전개해 나감으로써
이탈리아 국가부채에 문제가 발생하지 않도록
하려는 경향을 보일 수도 있습니다.

그렇다면 높은 인플레이션은 장기화, 만성적 현상으로 지속될 수도 있겠습니다.

그렇게 될 거라고 전망하기보다는
그런 리스크가 존재한다는 말씀을 드리는 겁니다.

이것으로 일곱 가지로 나눠 살펴본
글로벌 경제의 위기와 기회에 관한 이야기를
모두 마치겠습니다.
많은 다양한 전망에도 불구하고
우리 앞에 펼쳐질 경제는
미리 정해진 것이 전혀 없습니다.
미래의 경제 경로는 수많은 사람들이
작용-반작용한 결과로서 나타날 것이기 때문에
그 누구도 장담하거나 확신할 수는 없습니다.
다만 우리 앞에 주어진 조건들, 그리고 그 조건들이
상호 반응하는 메커니즘을 잘 이해하면
미래를 내다보면서 위험을 줄이고
기회를 극대화할 수 있을 것이라고 생각합니다.
그리고 경제와 금융시장 역시 항상 순환한다는 점,
빛이 있으면 어둠이 있고,
밤이 깊으면 다시 새벽이 밝아 온다는
특성을 잘 활용한다면 앞으로도
계속 좋은 성과를 낼 수 있을 거라고 믿습니다.
감사합니다.

'가짜 새벽'의 유혹

지금 세계 경제에서 가장 중요한 이슈는 첫째도 둘째도 셋째도
모두 '인플레이션'입니다. 인플레이션은 대개 경제의 활황과
풍부한 일자리를 수반하지만, 결국에 가서는 스스로 많은 실업을
유발하고 만다는 점에서 매우 해로운 경제현상입니다.
이 글을 쓰고 있는 2023년 1월 하순에도 물가와 경제의 미래 경로는
매우 불확실해 보입니다. 경제지표를 통해 드러나는 양태는 굉장히
모순적입니다. 인플레이션이 깜짝 놀랄 정도로 빠르게 꺾이는 듯이 보이지만,
노동시장의 과열은 전혀 개선되지 않고 있다는 점에서
안심하기에는 매우 이른 상황입니다.
한편으로는 경제가 빠른 속도로 침체에 빠지고 있는 듯한 흐름도
감지되고 있습니다. 하지만 이 침체가 신속한 물가안정을 수반할
것인지에 대해서는 그 누구도 장담하지 못하는 실정입니다.

중국 정부가 예상보다 조기에 제로-코비드(zero-Covid) 정책을 폐기해
아주 빠른 속도로 재개방에 나서고 있습니다. 중국의 수요가 대대적으로
증가할 것이란 기대에 원자재시장 전반에서 가격이 미리 급등하고 있습니다.
이 변수 역시 경제와 인플레이션의 향후 경로에 결정적일 수 있겠습니다.

가장 바람직한 향후 경제 경로를 꼽는다면 단연

골디락스(Goldilocks)입니다.

너무 뜨겁지도, 너무 차갑지도 않은 상태입니다. 경제를 침체에
빠뜨리지 않고도 물가 안정을 회복하는 '소프트 랜딩(soft landing, 연착륙)'
시나리오입니다. 주식시장에 가장 유리한 경로입니다. 지난 1994년에
실제로 성공했던 사례가 있었습니다. 당시 미국 연방준비제도는
'채권시장 대학살'이라 불릴 만큼의 공격적인 긴축을 시행하고도
리세션 없이 경제를 안정시켰습니다. 차선의 미래 경로를 꼽는다면, 이른바

소프티시 랜딩(softish landing)일 것입니다.

연착륙에는 좀 못 미치긴 해도 큰 침체 없이,
대량 실업을 피하면서 물가를 잡는 시나리오입니다.
그렇게 얕고 짧은 리세션이라면 감내할 만하겠습니다.
주식시장으로서는 좀 아쉽겠지만, 채권시장은 상대적으로 반길 만한
경로입니다. 그러나 이 책에서 가정한 시나리오는

경착륙, 하드 랜딩(hard landing)입니다.

정해진 미래는 아니지만, 현재로서는 가장 가능성이 높아 보이는
경로입니다. 경제가 제법 심각한 침체에 빠져들고 실업이 크게 증가해야만
이 역대급 불균형을 시정할 수 있을 거라고 여겨지기 때문입니다.
주식시장에게는 심각한 경로입니다.
그러나 국채시장에 투자한 사람들은 이 경우 큰돈을 벌 수 있겠습니다.
가장 가까운 미래에 특히 우려되는 현상은 과열이 재발하는 것입니다.

경제 재개방과 정부 부양책이 겹치면서 중국 경제가 전 세계적인
'인플레이션 붐(inflationary boom)'을 되살릴 위험성이 매우 높게 존재합니다.
지금 전 세계가 가장 간절하게 원하는 것은 별 탈 없이 수요가
감소하는 것입니다. 따라서 중국의 수요 증가가 현실화할 경우 중앙은행들이
긴축에 다시 가속도를 내 하드 랜딩 시나리오를 현실화할 수 있습니다.
일시적이나마 채권 투자자들에게는 다시 아찔한 롤러코스터 상황일 것입니다.
최악의 경로는 스태그플레이션(stagflation)입니다.
높은 실업에도 불구하고 높은 인플레이션이 지속되는 시나리오입니다.
주식, 채권, 부동산 등 자산시장 전반에 매우 부정적인 경제 환경입니다.
성장이 바닥을 기는데도 불구하고 금리는 제법 높을 것이기 때문입니다.

사람마다 딛고 있는 바닥과 보유한 자산이 상이하기에
경제 경로에 따라 이해관계 역시 달라질 수 있습니다.
그래서 우리는 경제의 미래 예상 경로를
희망으로 설계하려는 경향을 곧잘 보이곤 합니다.
가짜 새벽(false dawn)의 유혹에 쉽게 빠져드는 이유일 것입니다.
하지만 그 대가는 매우 클 수 있습니다. 어떠한 경우에도 우리는 확신을
멀리할 필요가 있겠습니다. 예상되는 경제의 경로 시나리오는
우리의 이해와 무관하게 언제든 바뀔 수 있기 때문입니다.
이 책을 통해 여러분들이 더욱 개방적인 자세로, 팩트에 기반해,
유연하게 미래를 대비할 수 있게 된다면 저자로서는 더 바랄 게 없겠습니다.

글로벌 경기 사이클의
막전막후

'In-Depth LESSON'에서는 본문 7강 가운데 좀 더 심층적으로 들여다봐야 할 핵심 이슈들이, 이 책의 출간시점을 전후해 어떻게 전개되고 있는지를 살펴보도록 하겠습니다. 시시각각 급변하는 전 세계 경기 사이클의 막전막후에는 도대체 어떤 내러티브들이 등장해 어떻게 영향을 미치고 있을까요? 지금부터 한 걸음 더 들어가 보겠습니다.

왜 '상당한 침체'는
불가피한가?

_ 출처 : 2022년 4월 27일 글로벌모니터® Editor's Letter

"현 시점에서는 리세션 논의가 성급하다."

미국 소매 유통업체 트랙터 서플라이의 최고경영자가 지난 21일 실적 발표 때 한 말이다.

맞는 말이다. 그래서 더 문제다. 그 당시 어닝시즌에서도 기업들은 '비용전가의 어려움'을 토로하는 경우가 별로 없었다. 값을 큰 폭으로 올렸음에도 불구하고 소비 수요가 여전히 매우 강하기 때문이다. 따라서 연준은 통화정책을 시장이 예상하는 것보다 더 강력하게 조여야 할 수 있다.

연준 부의장을 지낸 앨런 블라인더 프린스턴대 교수는, "미국 경제가 '완만한(mild)' 리세션에 빠질 위험이 50%를 넘는다"고 블룸버그TV 인터뷰에서 말했다. 그러면서 그는 정말 깊은 리세션을 경험할 가능성은 "매우 낮다(very unlikely)"고 단정하듯이 말했다.

필자는 블라인더의 주장에 절반만 동의한다. 리세션이 '완만한' 수준에 그치고 만다면, 미국의 인플레이션 압력은 겉절이 배추처럼 금세 다시 살아날 위험이 매우 높다(very likely).

＊국내 유일의 국제경제 분석 전문매체(www.globalmonitor.co.kr)

『This Time Is Different』(국내 출간명 : '이번엔 다르다')란 저서로도 유명한 하버드대학의 케네스 로고프 교수는 미국과 유럽 그리고 중국 경제가 2022년 하반기부터 동시에 침체에 빠질 위험성이 높아지고 있다고 경고하기도 했다.

로고프 교수는 〈프로젝트 신디케이트〉 2022년 4월 26일자에 올린 칼럼에서, "한 곳에서 무너지면, 다른 곳이 무너질 가능성이 높아진다"며, "유럽의 침체는 거의 불가피하고, 중국은 이미 침체에 빠져있는 지도 모른다"고 지적했다.

로고프 교수의 논리는 다소 정성적이었다. 그러나 "세 지역들이 (충격을) 상호 증폭하는 힘을 민과 관의 이코노미스트들이 과소평가하고 있다"는 그의 지적은 매우 신선했다.

필자는 미국의 경제가 침체, 리세션(recession)에 빠질 위험이 매우 높다고 본다. '안정된 인플레이션' 레짐(regime)으로 되돌아가기 위해서는, 침체가 불가피하다고, 필요충분조건이라고 본다. 그것도 '상당한' 수준의 침체가 요구된다고 본다.

그 '당위적'인 침체의 시기는 대략 2023년 하반기로 예상한다. 미국의 팽창 사이클이 그 시점을 넘어서면서 길어진다면, 인플레이션은 그야말로 더 깊이 뿌리를 내릴 것이기 때문이다. 타임라인이 그러하다면 아마도 2022년 하반기부터는 연준과 금융시장에서 리세션 논의가 본격화할 것이다.

리세션은 왜 불가피한가?

리세션이 불가피하다고 보는 근거는 이른바 '한계생산 체감의 법칙'에서

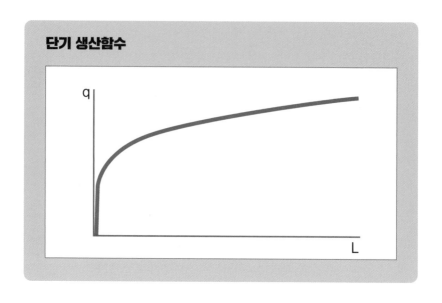

단기 생산함수

시작된다. 노동이나 자본 같은 생산요소 투입을 늘리면 생산량이 증가한다. 그러나 생산요소 한 단위를 투입해서 얻을 수 있는 추가 생산량은 갈수록 줄어든다. 경험적으로도 확인되는 이 '법칙'에 대해서는 논증을 생략하기로 한다.

'단기(short run)' 생산함수를 토대로 설명을 전개하는 것이 바람직하겠다. 우리 논의의 초점은 지금 경기 사이클의 변곡 가능성에 모아져 있기 때문이다. '단기'에는 자본 투입량(K)이 고정되어 있다고 전제한다. 생산을 늘리기 위해 투입할 수 있는 요소는 노동(L) 뿐이라고 가정한다.

위 그래프에서 보듯이, 노동투입량을 늘리면 늘릴수록 생산량(q)은 증가한다. 하지만 증가하는 곡선의 기울기는 차츰 완만해진다. 그 기울기 값(L변화분에 대한 q변화분)은 점차 감소한다.

그런데 단기 생산함수 그래프의 x축과 y축을 바꾸면 바로 오른쪽과 같은 그래프가 된다.

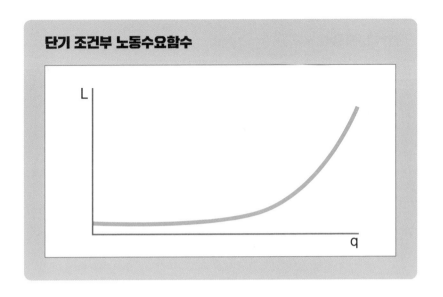

단기 조건부 노동수요함수

L

q

생산량(q)을 늘리기 위해서는 노동 투입량(L)을 확대해야 한다. 그러나 생산량 한 단위를 늘리는데 필요한 노동의 추가 투입량은 갈수록 늘어난다. 늘어나는 노동 투입량의 곡선의 기울기는 차츰 가팔라진다. 그 기울기 값(q변화분에 대한 L변화분)은 점차 증가한다. 왜냐하면, '한계생산 체감의 법칙'이 작동하기 때문이다.

'단기 조건부 노동수요함수' 그래프의 곡선 기울기, 생산량(q) 한 단위를 늘리는데 투입되는 추가적인 노동(L)에 임금을 곱한 값을 단기에서 '한계비용(MC : Marginal Cost)'라고 한다. 그리고 완전경쟁시장에서 기업이 이윤을 극대화하기 위해서는 '한계비용(MC)'이 '한계수익(MR : Marginal Revenue)'과 일치할 때까지 생산량을 늘려야 한다. 그래프를 그려 보면 298쪽과 같다.

그래프에서 생산자가 이익을 극대화할 수 있는 생산량은 Q_2이다. 한계비용과 한계수익이 같아지는 지점(MC=MR)이다. 이보다 생산을 더 많이 하면 늘릴 수 있는 수익보다 새로 들어가는 비용이 더 커진다. 이보다 생산을

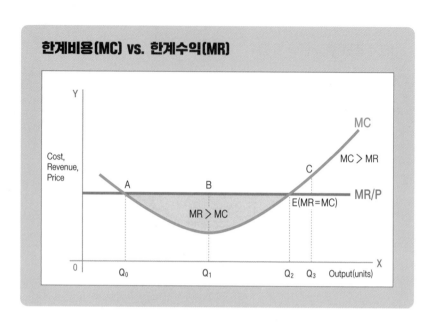

한계비용(MC) vs. 한계수익(MR)

덜 하면, 순수익을 확대할 수 있는 기회를 버리게 된다. 이것은 비즈니스를 하는 전 세계 모든 사람들이 뼛속 깊이 이해하고 있는 가장 기본적인 시장 원리 가운데 하나이다.

위쪽 그래프에서 한계수익(MR)은 변하지 않는 것으로 간주했다. 생산 한 단위를 늘려서 얻을 수 있는 추가 매출액은 그 생산품 1개의 '단가' 즉 시장가격(P)으로 미리 정해져 있기 때문이다. 완전경쟁시장이라서 그렇다.

그리고 이 '가격'은 생산자의 '기대'를 반영하기도 한다. 만약 시장가격이 올라갈 것으로 기대된다면, 즉 내가 판매가격을 인상할 수 있을 것이라고 기대한다면, 위 그래프에서 MR곡선은 위로 상승한다. 이 경우 최적 생산량은 Q_3로 늘어난다. 기업은 더 높은 한계비용을 감수하고서라도 노동에 대한 수요를 늘린다. 그런데 만약 이런 개별 기업들의 행태가 시장 전반에 만연하다면 어떻게 될까?

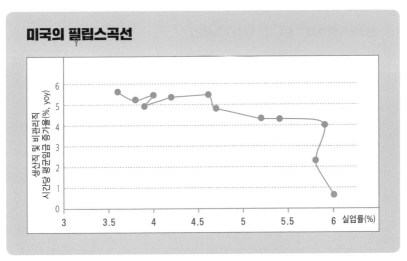

미국의 필립스곡선

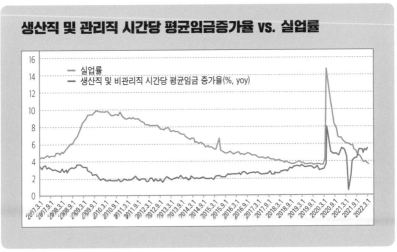

생산직 및 관리직 시간당 평균임금증가율 vs. 실업률

298쪽 그래프에서는 노동 한 단위의 가격 즉 임금(W)이 고정된 것으로 간주하였다. 하지만 가격 상승 기대감으로 노동에 대한 총수요가 증가한다면 임금이 상승하게 된다. 이 경우 '한계비용(MC)' 곡선의 기울기는 더욱 가팔라진다.

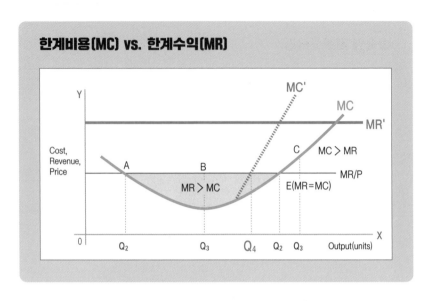

한계비용(MC) vs. 한계수익(MR)

경제 전반이 생산량을 극대화하고 있는 후기 사이클(late cycle), 이미 완전 고용이 달성된 상태라면, 임금의 상승속도는 더욱 가팔라진다. 이 경우 '한계비용(MC)' 곡선의 기울기는 더욱 더 가팔라진다. 지금 미국의 좌표가 그러하다.

그런데 만약 중앙은행의 긴축으로 인해 수요가 약해지고 판매가격을 당초 기대와 달리 올릴 수 없게 된 경우 기업들은 어떻게 대응할까?

기대감으로 한껏 고조되었던 위 그래프의 가격 수평선(= 한계수익, MR')은 다시 아래로 이동한다. MC'곡선은 이미 한껏 가팔라져 있는 상태이므로(임금의 하방경직성), 새로운 MC' = MR 지점, 적정 생산량(Q₄)은 왼쪽으로 현저하게 이동한다.

즉, 고조되었던 물가 기대가 꺾일 경우 경제 전반의 생산량은 감소한다. 고용총량 역시 줄어들 수 있다. 우리는 이를 가리켜 '리세션(경기침체)'이라고 부른다.

미국의 월간 실질(real) 상품 소비지출액 추이

침체는 왜 '깊어야' 하나?

그런데 '침체'가 반드시 인플레이션의 안정화로 이어지는 것은 아니다. 우리는 보통 '전기비 성장률이 2개 분기 연속 마이너스인 경우'를 리세션으로 간주한다. 실질 국내총생산이 2개 분기 연속 감소하는 경우이다. 그런데 이러한 '감소'에도 불구하고 경제는 여전히 과열상태에서 벗어나지 못할 수도 있다.

다소 증폭된 사례로 미국 공산품 시장을 들 수 있다. '미국의 월간 실질(real) 상품 소비지출액 추이' 그래프를 살펴보자. 1.9조달러 재정부양책이 가동되었던 2021년 3월을 고점으로 1년 동안 횡보 또는 우하향 추세를 보이는 중이다. 즉, 미국의 공산품 소비시장은 현재 1년째 성장하지 못하는, 사실상의 '리세션' 상태에 빠져 있다.

그러나 그 소비의 절대 레벨(level)은 여전히 추세선(빨간색 점선)을 크게 웃도는 중이다. 엄청난 수준의 초과수요가 계속 유지되는 중이다. 가격이 도

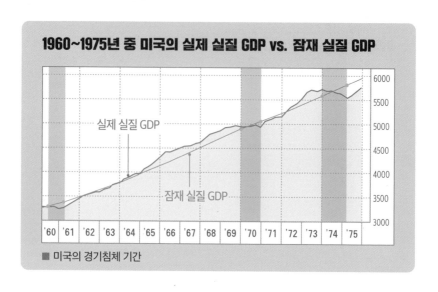

1960~1975년 중 미국의 실제 실질 GDP vs. 잠재 실질 GDP

실제 실질 GDP

잠재 실질 GDP

'60 '61 '62 '63 '64 '65 '66 '67 '68 '69 '70 '71 '72 '73 '74 '75

■ 미국의 경기침체 기간

무지 안정될 수 없는 수급상황이다.

'리세션＝물가 안정화' 등식이 성립하지 않는 이유가 바로 여기에 있다. 리세션은 생산량(또는 경제활동량)의 변화율에 근거하는 반면, 물가는 수요와 공급의 상대적 레벨에 기반하므로 등식화할 수 없는 것이다.

대(大) 인플레이션의 씨앗을 뿌렸던 지난 1960대의 사례가 타산지석이 된다. 위 그래프를 보면, 지난 1960년대 후반 미국의 실제 실질 GDP는 잠재 실질 GDP(미 의회예산국(CBO) 추정)를 지속적으로 현저하게 오버슈팅했다. 1970년으로 넘어가면서 리세션이 왔지만, 그 강도는 블라인더 교수가 표현했던 것처럼 '완만(mild)'했다. GDP는 거의 감소하지 않았다. 횡보하던 GDP는 금세 다시 솟아올랐고 잠재 능력을 다시 크게 웃돌았다. 인플레이션 기대심리가 훨씬 더 강하게 살아났다.

앵글을 노동시장으로 돌려 보아도 동일한 진단이 나온다. 지속가능하게 생산할 수 있는 능력 이상으로 많은 산출을 뽑아내려다보니 노동에 대한

1960~1975년 중 미국의 실제 실업률 vs. 자연실업률

자연실업률

실제 실업률

■ 미국의 경기침체 기간

수요가 과도해질 수밖에 없었다. 지난 1960년대 후반 미국의 실업률은 3%
대로 떨어져 완전고용으로 간주할 수 있는 상태(자연실업률)를 현저하게 하
회했다. 임금상승 압력이 상당히 강할 수밖에 없었다.

1970년 리세션이 찾아왔지만, 실업률은 겨우 균형 수준까지만 올라가는데
그쳤다. 리세션에도 불구하고 노동시장의 잔열은 완전히 제거되지 않았다.
그리고나서 다시 노동에 대한 수요가 강해졌다. 실업률은 다시 완전고용
수준을 현저히 밑돌았고, 임금상승 압력은 다시 과도해졌다. 즉, 리세션 그
자체만으로는 인플레이션 해법이 충분히 되지 못한다.

하물며 소프트 랜딩이라면 물가의 지속적인 안정은 더욱 불가능에 가까울
것이다. 확실한 것은, 과열상태가 길어지면 길어질수록 냉각의 비용(costs
of disinflation)은 더 비싸진다는 사실이다.

만약 연준이 '조기'에 리세션을 유발해낼 수 있다면, 가장 '저렴한' 비용으
로 물가를 잡을 수 있을 것이라고 본다.

소수의견

_ 출처 : 2022년 12월 1일 글로벌모니터 Editor's Letter

나름 매파적으로 들릴 만한 새로운 말들을 준비해왔지만, 시장은 전혀 귀 담아듣지 않았다. 그걸 가지고 파월이 위원회의 비둘기 분위기를 뒤집을 수 있을 거라고는 그 누구도 믿지 않는 듯했다.

2022년 11월 30일 금융시장은 제롬 파월 미국 연방준비제도 의장의 '임 금-물가 상승 소용돌이(wage-price spiral)' 우려를 기껏해야 FOMC(연방공개 시장위원회)의 '소수의견'에 불과한 것으로 치부해버렸다.

그럴 만도 한 것이, 파월 의장의 이날 발언에는 어떤 목적의식을 가진 일관 된 메시지가 없었다. 오히려 그는, 본질적으로는, 위원회를 장악한 비둘기 적 정책기류에 자연스럽게 편승해 있었다. '매파적' 양념이란 것들도 대부 분은 11월 초 기자회견 때 뿌렸던 것을 재탕했다.

그래서 그가 이날 '새롭게' 제시한 매파적 걱정거리는, 당장에는 별로 정책 과는 무관한 조커(joker) 정도로만 남겨지게 되었다. 경제지표들은 여전히 디스-인플레이션과 리세션 신호를 혼재하고 있었다. 파월 의장의 매파적 양념이 먹히기 어려운 백그라운드가 되었다. 미래에 혹시 파월의 카드가 현실로 부상할 가능성에 대비해 그 '조커'를 기록해 둔다.

파월 의장은 대담에서 "임금 증가세가 아마도 앞으로 스토리의 굉장히 중요한 파트가 될 것이라고 생각한다"고 밝혔다. "현재는 인플레이션이 주로(principally) 임금과 관련되어 있는 것은 아니라고 하겠다"고 일단 전제하면서 한 말이다. '주로'란 단어를 사용한 것은, 임금이 '이미' 인플레이션의 일정부분 원인이 되고 있다는 판단을 시사한다.

앞서 미리 준비한 기조연설에서도 그는 '임금' 문제를 제기했다. 증가 속도가 최근 좀 둔화했지만, "2% 인플레이션 목표에 부합하는 수준을 한참 웃돌고 있다"며, "균형으로 돌아가는 단지 잠정적인 신호들만 보여준다"고 말했다.

대담에서 파월은, 현재 미국의 대부분 노동자들이 인플레이션보다 낮은 속도로 임금을 올려 받고 있다고 지적했다. 연준의 실세 라엘 브레이너드 부의장은 이러한 실질 임금의 감소세가 향후 인플레이션을 낮추는데 긍정적인 역할을 할 거라는 식으로 최근 언급한 바 있다. 그러나 파월 의장의 생각은 정반대였다.

나중에 노동자들이 실질 임금 인상을 요구하게 되면, 이는 연준에게 문제가 될 것이라고 파월 의장은 우려했다. 노동시장 수요가 공급을 대폭 초과하는 불균형 상태에서는 실질 임금 감소세가 지속될 수 없다는 것이다.

고용주들이 그래서 만약 나중에 실질 임금 인상 요구를 수용하게 되면, 인플레이션은 더욱 날뛰게 될 것이다. 실질 기준으로 대폭 인상된 고용비용을 커버하기 위해 판매가격을 올릴 것이기 때문이다. 임금과 물가가 서로 먹이를 주며 솟아오르는 wage-price spiral이 본격화하는 것이다.

문제의 근원은, '상당하고 지속적인 노동력의 부족'이다. 그런데 노동력이 부족한 공급 측면의 원인은 매우 '구조적'이다. 그래서 "그 부족분이 언제라도 곧 완전히 해소될 것 같지는 않다"고 파월 의장은 말했다. 그는 이날 연설과 대담에서 이 점을 특히 강조했다.

아울러 그는 연설에서 "초과 은퇴가 노동력 감소분 350만 가운데 200만 이상을 지금 설명하고 있다"고 말했다. 일문일답에서 그는 "경제활동참가율이 2020년으로 완전히 돌아갈 것이라고 기대하는 것은 합리적이지 않다고 생각한다"고 말했다.

현재 미국의 경제활동참가율은 62.2%에 불과하다. 팬데믹 직전에는 63.4%였다. 그리고 팬데믹 이전부터 이미 미국의 노동력 공급에는 구조적인 문제가 작동하고 있었다. 22년 전, 지난 2000년에 미국 경제활동참가율은 정점(67.3%)을 찍었고, 이후 꾸준히 낮아지는 중이다.

이런 구조적인 노동력 부족, 노동시장의 과도한 수급 불균형을 해소하려면 결국 수요를 대폭 줄이는 수밖에 없다. 하지만 이날 공개된 10월 구인지표 역시 "아직까지는 노동 수요 둔화에 관한 단지 잠정적인 신호들만 보이고 있다"고 파월 의장은 평가했다. 실업자 수 대비 빈 일자리가 여전히 약 1.7배에 달한다고 그는 지적했다.

노동에 대한 수요가 계속해서 더디게만 감소한다면, 결국 공급을 늘리는 수밖에 없다. 실업을 대규모로 유발하는 것이 현실적으로 유일한 대안이 되는 것이다. (현재 3.7%인 실업률이 2023년 말에는 최고 5%까지 올라갈 수 있다고 최근 존 윌리엄스 뉴욕 연준 총재가 말했다.)

그런 맥락 하에서 이날 파월 의장이 강조한 '상당하고 고조된 불확실성'을 이해하는 게 좋겠다. 파월 의장은 기조연설에서, "앞으로의 인플레이션 경로는 고도로 불확실한 상태로 남겨져 있는 게 현실"이라고 말한 뒤, "인플레이션을 2%로 되돌리기에 충분히 제약적인 금리 수준이 얼마인지에 관해서도 상당한 불확실성이 존재한다"고 강조했다.

물론 터미널 레이트(terminal rate)* 상방 리스크 문제가 설마 당장 1~2개월 안에 부상하지는 않을 것이다. 오히려 1~2개월 안에는 자연적인 디스-인플레이션 신호가 더 두드러지게 나타날 수도 있다.

따라서 이날 파월 의장이 은근히 제기한 '임금-물가 상승 소용돌이' 시나리오는 당장에는, 시장이 보기에, 기우에 불과하다. 게다가 '단지 잠정적일 뿐'이긴 하지만, 노동시장 수급균형이 개선되고 있다는 신호는 이날도 분명히 있었다.

이날 노동부가 발표한 구인 및 입이직동향(JOLTS)에 따르면, 2022년 10월 기준 미국의 자발적 이직률은 2.6%로 0.1%p 내려왔다. 여전히 팬데믹 이전 최고점보다도 높지만, 팬데믹 이후 정점에서는 0.4%p 떨어진 수준이다. 노동자들의 재취업 자신감이 덜 뜨거워졌음을 시사한다.

미국 제조업 및 기업 설비투자 동향을 미리 정확하게 보여주는 시카고 PMI는 2022년 11월 중 훨씬 뚜렷하게 '리세션'을 예고하고 있었다. 47.0으로 소폭 반등했을 것으로 예상했는데, 실제로는 37.2로 8포인트 더 급락했다. 지수가 이렇게까지 낮은 수준으로 떨어지고도 리세션을 면했던 사례는, 지난 1967년부터 이 통계를 작성하기 시작한 이후로 단 한 번도 없었다.

---

* 중앙은행 금리인상 사이클의 종착점. 중앙은행이 이번 긴축 사이클에서 금리를 어디까지 올릴 것인지에 관한 추정치이다. 최종금리, 정점금리(pick rate)라고도 부른다.

연준에 대한 과도한 신뢰

_출처 : 2022년 12월 31일 <글로벌모니터> Editor's Letter

2022년 12월 14일, 미국 연방공개시장위원회(FOMC)가 시장의 예상보다 한 클릭(25bp) 더 높은 점도표 터미널 레이트(5.125%)를 제시했을 때, 일각에서는 이를 '연준의 커뮤니케이션 위험관리(communication risk management)'라고 평가했다. 속이 들여다보이는 일종의 꼼수 소통이라는 것이다.

애기인즉슨 이렇다. 금리를 많이 올리겠다고 위협을 했다가 실제로는 그만큼 올리지 않는 경우 중앙은행을 비난하는 사람은 거의 없을 것이다. 하지만 조금 올리겠다고 공언했다가 결국 많이 올리게 된다면 중앙은행의 신뢰에 상처가 생긴다. 특히 지난 2년 동안 반복해서 똥볼을 찼던 연준에게는 이제 더 이상 잃어버릴 수 있는 신뢰의 여지가 없다. 따라서 일단 '매파적으로' 지르고 보는 게 그들에게는 상책이다. 문제는, 미 연준의 바로 그런 매파적 코스프레에 시장이 더 이상 속지 않는다는 점이다.

또 하나의 문제는, 2022년 12월 FOMC의 매파적 서프라이즈가 단지 '코스프레'는 아닐 가능성이다. 실제로 연준은 미국의 인플레이션이 당초 예상했던 것보다 끈질길 것으로 보고 있으며, 그래서 더 높은 금리를 더 오래 유지해 더 많은 실업을 유발하고도 물가상승률은 계속해서 목표를 크게 웃돌 것이라 우려할 가능성이 있다.

그들이 정말로 그렇게 진지하게 걱정하고 있다면, 2023년 금융시장은 지난 2022년 8월 말 잭슨홀 컨퍼런스 때와 유사한 '현타 모멘트'를 다시 한 번 겪어야 할 수 있다. 앞선 2022년 11월 FOMC 당시 그토록 비둘기적이던 그들의 태도가 12월에는 왜 매파적으로 돌변해야만 했을까?

FOMC가 2023년 5.125%의 터미널 레이트를 제시해 놓은 반면, 미국 단기 자금 시장은 보름이 넘도록 5% 미만의 터미널 레이트를 고수 중이다.

한편으로 최근 며칠간 국채시장은 중국 재개방으로 인해 인플레이션 압력이 다시 커질 위험을 장기물에 반영해왔다. 이 리스크 내지는 불확실성이 기본 전망으로 옮겨가기 시작하면 시장의 터미널 레이트 프라이싱에는 추가적인 조정이 필요할 것이다.

금리인하로의 전환(pivot) 전망을 둘러싸고는 연준과 금융시장 사이에 일찌감치 불화가 형성되어 있었다. 다소 좁혀지긴 했지만, OIS와 선물시장은 여전히 2023년 중 25~50bp의 금리인하가 이뤄질 것으로 프라이싱 중이다.

하지만 2022년 12월 FOMC 점도표는 다시 한 번 '2023년에는 금리인하가 없다'는 입장을 확인했다. 적지 않은 FOMC 인사들이 그러한 캘린더 베이스의 포워드 가이던스를 반복해서 구두로 공언했다. 12월 FOMC 직후 메리 데일리 샌프란시스코 연준 총재는 '최소 11개월간' 터미널 레이트를 유지하는 방안을 제시해 눈길을 끌었다.

지난 2022년 3월부터 금리인상 행진을 시작한 연준은 이후 보폭을 급격히 높여가며 역대급 'front loading*' 행보를 펼쳤다. 터미널 레이트 부근

---

* 금리를 미리 많이 인상해 두는 통화정책 전략.

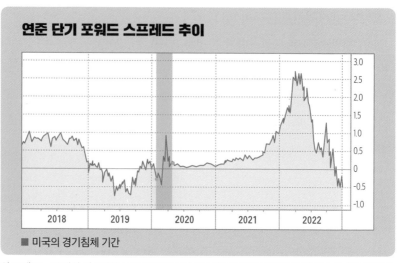

연준 단기 포워드 스프레드 추이

■ 미국의 경기침체 기간

위 그래프는 18개월 뒤 3개월 국채 금리에서 현재의 3개월 국채 금리를 뺀 것으로, 리세션 임박 여부를 판단하는 중요한 지표로 쓰인다. (블룸버그 = 글로벌모니터)

으로 금리를 앞당겨서 조기에 인상해버리는 방식이다. 이렇게 하면 금리인상의 누적적 효과(정책금리 추이 그래프의 적분에 해당)를 높일 수 있다. 12월 FOMC가 50bp로 긴축 속도를 줄이면서 언급한 배경에도 그 '누적적 효과'가 포함되어 있다.

그런데 이 급격한 front loading은 사실 뒷북 긴축에 따른 황급한 따라잡기 (catch-up) 성격이 더 강했던 게 사실이다. (연준은 2021년 11월에서야 '일시적 인플레이션' 판단을 포기하고 긴축적으로 정책기조를 전환했는데, 그 뒤로도 3개월 동안은 계속해서 양적완화를 시행했다.)

그리고 이 급격한 front loading은 사실 이번 인플레이션과 긴축 사이클의 유별난 특수성을 반영했을 가능성도 배제할 수 없다. 리세션에 빠진 상태에서도 계속해서 금리를 인상해야 하는 정치적으로 매우 곤혹스러운 처지에 몰릴 게 아니라, 금리를 미리 제법 올려놓은 뒤 그 수준을 고수하는 방식으로 리세션에 돌입하자는 것이다.

예를 들어 2024년 상반기까지 금리를 '점진적으로' 5.5~6.0%로 인상하기 보다는, 2023년 상반기까지 금리를 5.0~5.5%로 '미리 급격히' 올린 뒤 그 수준을 유지하는 게 정치적으로 욕을 덜 먹지 않겠느냐는 것이다.

어쨌거나 2022년 12월 FOMC 경제 전망에서 가장 신뢰할 만한 항목은 그들의 실업률 전망이었다. 석달 전 9월 FOMC 때 4.4%로 높였던 2023년 말 실업률 예상치를 이번에 4.6%로 더 높였다.

그렇게 하고도 17명의 위원들은 자신들의 실업률 전망에 미치는 위험이 '상방'으로 기울어 있다고 진단했다. 더 높아질 수 있다는 것이다. '균형'이라고 본 위원은 2명에 불과했다. 심지어 '하방' 리스크를 판단한 위원은 전무했다.

12월 FOMC 점도표 금리와 실업률 전망을 종합하면, '경제가 침체에 빠져도 금리인하는 없다'는 정책경로가 도출된다. 이는 지극히 이례적인 것이다. 과거에는 연준이 항상 리세션 돌입 직전에 금리를 적극적으로 인하했다. 그래서 지금도 시장은 그 이례적인 정책 경로를 믿지 않는 것일 수도 있겠다. 그런 점에서 고용지표는 계속해서 매우 중요하다. 임금지표의 시장 영향력이 특히 고조되어 있다.

FOMC 위원들의 실업률 전망이 일종의 인플레이션 통제를 위한 목표치 성격이 강하다면, (그럼에도 불구하고 미국의 실업은 좀처럼 잘 늘지 않는다면,) 터미널 레이트 추정은 향후 더 높여질 가능성이 있다.

장기화하고 있는 연준과 금융시장의 정책경로 전망에 관한 '불화'는 경제 전망의 차이에서 비롯되는 것일 수도 있다. 즉, 연준이 금융시장에 비해 인플레이션을 과도하게 비관하고 있을 가능성도 배제할 수는 없다. '커뮤니케이션 위험관리' 차원에서든, 연준 분석 모델의 결함에 기인한 것이든.

〈블룸버그〉에 따르면, 현재 미국 금융시장에서 거래되는 1년 만기 인플레이션은 2.47%이다. 거래 주체들이 상호 돈을 걸고 맺은 스왑계약이니 그 진지성을 무시할 수 없을 것이다.

1년 뒤의 인플레이션이 실제로 이 수준으로 떨어져 있다면, 이미 연준은 금리인하에 나섰을 가능성이 높다. 인플레이션 목표를 이미 달성한 상태로 볼 수 있기 때문이다. 미국 스왑시장에 프라이싱되어 있는 2년 인플레이션 기대치 역시 비슷한 수준이다.

하지만 만약 금융시장이 인플레이션 안정을 지나치게 낙관하고 있다면, 시장이 연준의 엉터리 전망을 더 이상 믿지 않으려 한 결과라면, '끈질긴 인플레이션' 현실로 수렴하는 향후의 시장 조정은 거칠어지기 쉽다.

정책금리 경로 전망에 있어서 시장과 연준은 과거에도 흔히 '불화'를 드러냈다. 연준은 시장과 현실보다 늘 더 긴축적인 금리 경로를 제시하는 편향성을 반복한 바 있다. 그러나 과거의 경력을 이번 사이클에 그대로 대입하는 데에는 무리가 따른다.

필자는 지금 시장이 연준의 비둘기적인 정책 성향을 과도하게 신뢰하고 있다고 본다. 그리고 동시에 시장은 모순되게도 연준의 조기 물가 안정화 능력을 과신하고 있는 듯하다. 지배적이었던 시장의 집단적 사고 및 아이디어가 새해 벽두에 표변(豹變)하는 경우가 과거에도 흔히 있었다. 시장의 사이클이 낡아서 리스크 대비 기대 수익이 형편없어지는 경우에는 그 표변의 욕구가 더욱 커질 것이다.

연준이
이번에는 맞다면?

_ 출처 : 2023년 1월 12일 <글로벌모니터> Editor's Letter

한 때의 채권왕 제프리 군드라크는 연준의 말을 듣지 말고 채권시장에 귀를 기울여야 한다고 주장했다.

군드라크는 2023년 1월 10일 웹캐스트에서 이렇게 말했다.

"내가 금융 바닥에서 일한 지가 40년이 넘는데, 그 경험은 이렇게 강력하게 권하고 있다. 투자자들은 연준이 말하는 것보다는 시장이 말하는 것을 바라봐야 한다고 말이다."

군드라크는 "많은 채권전략에 엄청난 업사이드가 존재한다"며 채권이 주식보다 더 매력적이라고 주장했다. 그래서 자신은 전통적인 비율을 뒤집어 채권에 60, 주식에는 40을 배분하고 있다고 소개했다.

이어서 그는 "연준이 금리를 5%로 올릴 리는 만무하다. 연준이 컨트롤 하고 있는 게 아니다. 채권시장이 컨트롤하고 있다"고 역설했다.

연준은 2023년 금리를 5~5.25%로 더 올린 뒤, 그 금리를 그대로 갖고 2024년으로 넘어가겠다는 계획이다. 이번 주(2023년 1월 둘째 주)에도, 심지어 연준 비둘기 진영의 대표적 인사(라파엘 보스틱 애틀랜타 연준 총재)조차, 지난달(2022년 12월)의 그 업데이트 된 점도표 경로를 힘주어 강조했다.

그러나 채권시장은 요지부동이다. 연준이 금리를 5%까지 올리지는 못할 것이며, 하반기에는 50bp 내리게 될 것이라는 프라이싱을 고집스럽게 유지하고 있다.

군드라크가 가리키는 '채권시장'은 기본적으로 '리세션 진영'이다.

'채권시장'을 대표하는 운용사 핌코는 그래서 역시 당연히 '2023년 채권에 투자해야 할 강력한 사유'가 존재한다고 주장했다.

핌코는 2023년 1월 11일 발표한 보고서에서 '약한 리세션과 온건해지는 인플레이션'이 자신들의 기본 전망이라고 밝혔다. 이런 환경에서 채권은 "매력적인 리턴과 하방 리스크 경감이란 측면에서 모두 잠재력을 갖는다" 고 설명했다. 다른 위험자산에서 예상보다 크게 깨지더라도 채권가격이 더 크게 오르면서 그 충격을 덜어줄 수 있다는 얘기다.

그런데, 채권 바닥에서 이름값으로는 결코 뒤지지 않는 에드워드 야드니는 다른 생각을 갖고 있다. 일찌감치 '소프트 랜딩 진영'에 서 있던 그는 최근 자신의 뷰를 더욱 강화하는 중이다.

야드니는 미국 주식이 "2022년 10월 12일에 바닥을 쳤다. 그게 약세장(bear market)의 끝이었다. 그리고 우리는 이제 강세장(bull market)으로 돌아와 있다"고, 이날 블룸버그TV 인터뷰에서 말했다. 야드니가 지목한 2022년 10월 그 진바닥 이후로 S&P 500은 이미 10% 넘게 올라와 있다.

그는 "세계 경제 전망이 실제로 개선되고 있다"고 말했다. "천연가스 가격의 폭락은 유럽이 리세션에 빠지지 않을 것임을 시사한다. 중국은 개방할 것이다"라며, 강해지는 경제에 주목했다.

군드라크와 핌코, 야드니의 경제 판단과 전망은 연방공개시장위원회(FOMC)와 분명히 결이 다르다. 그 강도를 심각하게 보지는 않지만, 연준은 제법 끈끈한 인플레이션을 전망하는 '일시적 스태그플레이션 진영'이다.

2022년 12월 FOMC 위원들이 제시한 경제 전망(SEP)에 따르면, 연준은 2023년 말 미국의 실업률을 4.6%까지 인상할 예정이다. 2022년 12월 실업률은 3.5%였다. 연준 긴축정책이 단 1년 만에 실업률을 1%포인트나 끌어올리고도 경제가 리세션에 빠지지 않았던 적은 없었다. 그러나 FOMC 위원들이 제시한 2023년 말 미국의 근원 PCE 인플레이션은 여전히 3.5%에 달한다. 따라서 연준은 실업자가 수백만 명 급증하는 와중에도 5%를 웃도는 고금리를 고수하겠다는 각오다.

제롬 파월 의장은 스웨덴 중앙은행 주최 행사에서 이렇게 말했다. 강력한 정치적 압박이 다가오고 있음을 직감하면서 옥쇄(玉碎)를 불사하겠다는 다짐을 피력한 것으로 봐줄 만했다.

"인플레이션이 높은 시기에 물가안정을 회복하는 것은 단기적으로 인기가 없는 조치들을 요구하게 된다. 경제를 둔화시키기 위해 우리가 금리를 인상하기 때문이다."

"연준의 결정에 대한 직접적인 정치적 통제가 없다는 것(중앙은행의 독립성)은 우리가 단기적인 정치적 요소를 고려함이 없이 필요한 조치를 취할 수 있도록 한다."

파벌을 따지자면 필자는 리세션 진영이다. 2023년 하반기에 미국 경제가 빠른 속도로 침체에 빠져들 것이며, 인플레이션도 급하게 떨어져 내릴 것이라고 예상한다. 하지만 하반기 리세션(디스-인플레이션)으로 가는 경로가 결코 매끈한 일직선은 아니라는 게 필자의 판단이다. 즉 '경로'는 '종착지' 못지않게 중요하다. 특히 2023년 금융시장은 더욱 그러하다.

2023년 1분기에는 리세션 분위기를 풍기는 디스-인플레이션의 경로가 지속될 듯하다. 그러나 2분기의 시장 환경은 확연히 달라져 있을 것이다. 중국 재개방이 리세션 우려를 몰아내는 한편으로 인플레이션 걱정을 되살리게 될 것이다. 이러한 경로 전개 속에서 1~2분기 주식-채권 동반 랠리에는 제동이 걸리기 쉽다.

제프리 군드라크는 에드 야드니의 불리시(bullish)한 경제분석을 참고할 필요가 있다. 그리고 야드니의 낙관론은 연준의 여전한 인플레이션 걱정을 경청해야 할 것이다.*

그런 점에서 핌코의 조심스러운 전략은 주목할 만하다. 디스-인플레이션을 기본 전망으로 갖고 있으면서도 핌코는 물가연동국채(TIPS)의 이점을 강조했다. "현재 시장이 프라이싱하고 있는 것과 대비해 근원 인플레이션이 실제로 어디까지 떨어질 것인지가 불확실한 점을 감안할 때 TIPS가 좋은 성과를 낼 수 있을 것"이라고 핌코는 설명했다.

다만 만기가 긴 TIPS는 인플레이션 재가속 환경에서 위험할 수 있다는 게 필자의 생각이다. 텀 프리미엄이 다시 더욱 강하게 상승하면서 장기 TIPS 가격을 압박할 수 있기 때문이다.

핌코는 미 국채 10년물 수익률이 3.25~4.25% 레인지 안에서 움직일 거라고 보면서 금리 위험에 대해 '중립' 의견을 제시했다. 장기물을 더 선호할 수는 없다는 입장이다.

핌코는 "그럴 듯한 시나리오들의 범위 전반에 걸쳐서 비대칭적인 트레이드를 발굴해 내는데 초점을 맞추고 있다"고 자신들의 입장을 밝혔다. 적절한 태도라고 여겨진다.

최악의 경제구도(스태그플레이셔너리, stagflationary)를 베이스 시나리오로 갖는 연준의 태도 역시 중앙은행으로서 매우 바람직하다고 판단된다. 그러

---

*시티그룹은 2023년 2분기 미국의 헤드라인 CPI 인플레이션이 2.5%로 떨어질 것이라고 전망한다. 하지만 이후 인플레이션은 다시 반등해 올라갈 것으로 예상한다. 시티가 예상하는 2023년 연말 근원 PCE 인플레이션은 4.1%이다. FOMC의 예상(3.5%)보다 한층 더 높다.

나 자신들의 견해와 가이던스가 시장에 먹히지 않고 있는데 대해서 연준은 매우 심각하게 고민해야 할 것이다.

신뢰를 잃은 연준은 더 큰 디스-인플레이션 비용을 치르기 십상이다. 이른바 '오해에 기인한 금융환경의 부당한 이완' 때문이다.[*]

따라서 연준의 경제판단(리세션 와중에도 한동안 제법 남아 있을 정도의 끈끈한 인플레이션)이 이번에는 맞다면, 2023년 하반기 미국 경제는 리세션(디스-인플레이션) 진영의 손을 들어줄 가능성이 매우 높다. 끈끈한 인플레이션과 금융시장의 부당한 이완에 맞서 연준은 실제 필요한 것 이상으로 금융을 긴축해야만 할 것이기 때문이다.

실제 상황이 그렇게 전개된다면, 연준은 2023년 안에 금리인하로 선회할 가능성이 높아진다.

---

[*] 파월 연준이 신뢰를 잃은 데에는 여러 가지 이유가 있다. 그 중 점도표만 놓고 보더라도 연준은 불신을 다양한 측면에서 자초한 바 있다. 연준이 점도표 경로대로 금리를 변경한 경우가 과거에 별로 없었으며, 자신들의 편의에 따라 점도표 전망의 중요성을 스스로 깎아내렸던 사례도 허다하다.

제롬 파월에 대한 반박

_출처 : 2023년 1월 20일 <글로벌모니터> Editor's Letter

미국 연방준비제도의 실세 라엘 브레이너드 부의장은 2023년 1월 19일 금리인상 추가 감속 여부에 관해 자신의 의견을 일절 언급하지 않았다. 왜냐하면 그는 이날 금리를 더 올려야 할 지 여부에 관해서조차 일언반구 없이 연설을 마쳤기 때문이다.

필자가 보기에 이날 브레이너드의 연설은 2022년 11월 말 제롬 파월 의장의 주장에 대한 반박이었다.

익히 알듯이 한 달여 전 파월 의장은 '근원 서비스 인플레이션(주거비 제외)'의 중요성을 강조하며 '임금-물가 상승 소용돌이(wage-price spiral)' 위험을 경고한 바 있는데, 이날 브레이너드는 '물가-물가 상승 소용돌이(price-price spiral)'란 새로운 개념을 들고 나와 낙관적인 인플레이션 전망을 피력했다.

이날 장 중 저점 대비 제법 큰 폭으로 반등하던 미국 국채수익률은 브레이너드 연설을 계기로 고점을 형성한 뒤 다소 꺾여 내렸다. 달러가 낙폭을 확대하는 가운데 주식은 (일시적으로) 꺾여 올라갔다. 이 역시 '오해에 기인한 금융환경의 부당한 이완'에 해당하는가?

브레이너드 연설에 앞서 이날 뉴욕 아침 거래에서는 연준이 금리를 50bp 만 더 올리고 말 것이란 데 제법 큰돈을 거는 옵션거래가 체결됐다.

파월 의장이 그랬던 것처럼 이날 브레이너드 부의장도 인플레이션을 부 문별로 구분해서 평가하고 전망했다. 문제의 그 '주거비 제외 서비스(non-housing services)' 항목을 논하는데 이르러 브레이너드는 이렇게 말했다.

"인플레이션의 이 항목을 팬데믹 이전 수위로 끌어내리는데 무엇이 필요 할 것인지에 관해 다양한 의견(a range of views)이 존재한다."

익히 알듯이 파월 의장은 "2% 인플레이션 목표에 부합하지 않는 높은 임 금상승률을 낮춰야 한다"는 해법을 피력했다. 그러기 위해서는 불가피하 게 노동 수요가 줄어야(실업이 늘어야) 한다는 게 파월의 입장이다. 그 섹터 에서는 특히나 임금이 비용의 절대적인 부분을 차지하기 때문이다.

그러나 브레이너드는 다른 의견을 피력했다.

"임금 이외의 다른 투입요소 역시 주거비 제외 서비스 섹터 가격 상승의 부분적으로 중요한 요인이 되었을 수 있는 만큼, 이러한 요인들의 되돌림 은 주거비 제외 서비스 인플레이션을 낮추는데 도움이 될 수 있다."

이 주장은 브레이너드의 이른바 '물가-물가 상승 소용돌이' 개념과 조응 하고 있다. 임금이 올라서 물가가 오른 게 아니라, 기업 마진을 포함하는 임금 이외 다른 투입요소의 상승 때문에 인플레이션이 고조되었다는 것이 다. 아울러 이 주장은 "고용의 상당한 손실 없이도 인플레이션을 낮출 수 있다"는 전망 내지는 목표로 이어지게 된다.

브레이너드 부의장은 "임금이 지난 1970년대 스타일로 인플레이션을 추 동하고 있는 것 같지는 않다"고 말했다. "임금이 2% 인플레이션 및 생산성 증가세에 부합하는 것보다 빠르게 오르긴 했지만, 지난 2년 동안 인플레이 션보다는 느리게 늘었다"고 그는 지적했다.

"다수 섹터의 소매 이윤확대(markups)가 상당한 폭으로 이뤄져 '물가-물가 상승 소용돌이'라고 지칭할 법한 정도였다. 이들의 최종 판매가격은 투입 비용의 증가보다 더 많이 올랐다. 공급망 제약이 완화되고 재고가 증가하고 수요가 냉각하는 가운데 기존 이윤확대분에 대한 압착이 디스-인플레이션 압력에 기여할 수 있을 것이다."

브레이너드는 또 "'근원 상품' 및 '주거비 제외 서비스' 부문의 지속적인 인플레이션 요소가 유사하게 움직여왔다는 증거가 최근에 일부 있다"고 지적했다.

운송, 여가, 음식 서비스 부문이 특히 근원 상품 물가와의 유사성이 두드러졌는데, 2022년 초에 정점을 이룬 뒤로 함께 꾸준히 떨어지고 있다고 브레이너드는 설명했다. 근원 서비스 물가의 상승은 임금보다는 공산품 투입 비용의 증가에서 기인한 바가 더 컸다는 주장이다.

"이러한 주거비 제외 서비스 및 근원 상품 인플레이션의 지속적 요소가 공통된 요인을 반영한다고 보면, 기대 인플레이션이 잘 고정되어 있는 한, 이들은 경기순환적인 지속성을 보일 것 같지는 않다. 원자재 및 공급망 쇼크를 가격에 전가하는 그 공통된 요인은 지금 퇴조하고 있다."

한 달여 전 연설에서 파월 의장은 "임금 증가세가 앞으로 스토리의 굉장히 중요한 파트가 될 것"이라며, 나중에 노동자들이 실질 임금 인상을 요구하게 되면 연준에 문제가 될 것이라고 우려했다. 노동시장 수요가 공급을 대폭 초과하는 불균형 상태에서는 실질 임금 감소세가 지속될 수 없다는 것이었다.

그러나 이날 브레이너드 부의장은 '임금 이외'의 요인에 방점을 찍으면서 그게 경기와도 무관하다고 반박했다.

그럼에도 불구하고 연준이 긴축적 통화정책으로 대응하는 것은, "팬데믹 및 전쟁과 연관된 일련의 수요 공급 충격에서 기인한 높은 상품 및 서비스 인플레이션이 길어질 경우 기대 인플레이션의 상승으로 이어져 인플레이션을 낮추기가 더욱 어려워질 수 있기" 때문이라는 게 브레이너드 부의장의 입장이다.

이날 연설 말미에 브레이너드 부의장은 "FOMC가 통화정책 기조를 제약적인 영역 안으로 빠른 속도로 이동했다"고 밝혔다. 이후 일문일답에서는 "현재 정책기조가 제약적인 영역 안에 있다"고 보다 구체적으로 확인했다. 다만 "지금 우리는 정책금리를 충분히 제약적인 레벨 가까이로 이동하고 있다"고 언급해, 아직은 '충분히' 제약적인 금리 수준은 아닐 가능성을 시사했다. 그러면서도 그는 "동시에 대차대조표 축소가 계속되고 있다"고 덧붙였다.

브레이너드 부의장은 "최근의 둔화에도 불구하고 인플레이션은 여전히 높다"며, "정책이 한동안 충분히 제약적일 필요가 있을 것"이라고 밝혔다. 그러나 "우리의 이중책무를 둘러싼 위험들을 고려해 가겠다"는 말을 잊지 않았다. 물가안정 뿐 아니라 완전고용도 챙기겠다는 뜻이다.

2022년 12월에 업데이트 된 점도표에 따르면, 5%에 못 미치는 터미널 레이트를 제시한 FOMC 위원이 2명 있었다. 앞으로 금리를 두 번만 더 올리면 도달하게 되는 레벨로 현재 금융시장의 프라이싱과 일치한다.

이날 브레이너드 부의장의 연설 톤은 종전에 비해 훨씬 더 자신감에 차 있었다. 그는 2022년 12월까지 3개월 및 6개월간 PCE 인플레이션이 연율 2.3% 안팎으로 떨어졌을 것으로 추정하면서, 근원 PCE 인플레이션의 최근 3개월 추세 역시 연율 3.1%로 낮아졌을 것이라고 밝혔다. 물론 주택서비스 인플레이션의 3개월 추세가 여전히 연율 8.8%로 높지만, 2023년 3분기에는 이 역시 내려갈 것으로 예상된다고 말했다.

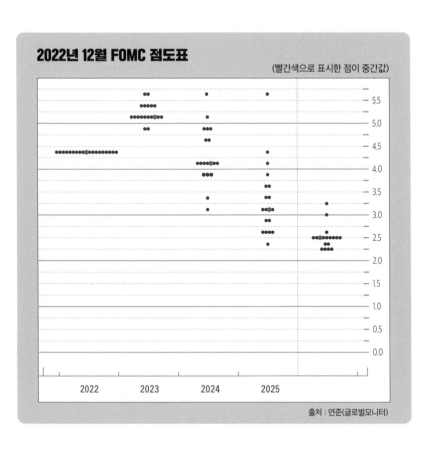

2022년 12월 FOMC 점도표

(빨간색으로 표시한 점이 중간값)

출처 : 연준(글로벌모니터)

브레이너드 부의장의 'price-price spiral 이론'에 따르면, 향후 인플레이션 전망에 중요한 요소는 노동시장의 수급보다는 원자재가격이다.

그래서 그는 "원자재 및 중간투입재에 미치는 충격이 추가적으로 고개를 들 수 있다"고 경계하면서, "중국의 코비드-제로 정책 이탈이 글로벌 수요 및 인플레이션, 특히 원자재에 어떤 함의가 있는지 불확실성이 있다"고 지적했다.

| 어바웃어북의 경제·경영 스테디셀러 |

마침내 찾아온 붕괴의 시간
부동산을 공부할 결심

| 배문성 지음 | 396쪽 | 25,000원 |

금리와 인플레이션, 환율은 어떻게 당신의 부동산을 잠식하는가?

급변하는 장세에서는 예측보다 대응이 중요하다. '마침내' 찾아온 '부동산 붕괴'의 시대에는 상승장에서나 품어야 할 '야수의 심장'이 아니라 자산시장의 대외여건을 꼼꼼하게 '공부할 결심'이 절실하다. 이 책은 공급, 금리, 유동성, 타이밍 4개의 축을 통해 부동산시장의 허와 실을 파헤치며, 파도처럼 밀려오는 위기에 휩쓸리지 않는 자산수호 독법(讀法)을 안내한다.

쌀 때 사서 비쌀 때 파는
저평가 우량주 투자지도

| 한국비즈니스정보 지음 | 430쪽 | 25,000원 |

반도체, 배터리, 메타버스, 바이오, 수소/전기차, 자율주행 등
증권사마다 목표주가를 상향 조정한 유망종목 100선!

대장주라고 해서 높은 수익률과 안정성을 담보하지는 않는다. 이 책은 같은 업종의 경쟁사들에 비해 '저평가'되어 주가가 높지 않은 종목 100선을 엄선해 집중 분석했다. 1주당 가격이 1만 원 미만에서 2~3만 원 안팎이지만 주력 사업의 비전과 기술력 등을 들여다보면 결코 무시할 수 없는 알토란 종목들이다. 현재는 '저평가주'에 머물러 있지만 머지않아 '우량주'가 될 가능성이 매우 큰 '성장주'인 것이다.

주린이를 위한 1일 1페이지
투자공부 365

| 한국비즈니스정보 지음 | 440쪽 | 18,000원 |

One-Day One-Page 요일별 맞춤 투자공부로
주식투자에 필요한 기본지식과 핵심 투자처를 움켜쥔다!

주식투자에 첫발을 내딛는 당신이 주식계좌 개설보다 먼저 해야 할 게 있다. 바로 '투자공부'다. 모르고 뛰어들면, 손해를 볼 수밖에 없다. 이 책은 주식투자자들이 반드시 알아야 할 365개의 열쇳말(키워드)을 [월]주식용어, [화]국내외 경제이슈, [수]업종전망, [목]회계와 공시, [금]유망종목 발굴, [토]언택트와 바이오, [일]K-뉴딜로 구성한 뒤, 다양한 투자 이슈와 핵심 투자처를 쉽고 명쾌하게 이해할 수 있도록 풀어냈다. '주린이' 딱지를 떼는 데, 이 책에서 다루는 365개의 열쇳말이면 충분하다.

| 어바웃어북의 경제·경영 스테디셀러 |

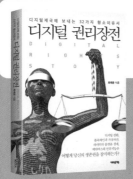

디지털제국에 보내는 32가지 항소이유서
디지털 권리장전

| 최재윤 지음 | 338쪽 | 18,000원 |

디지털 전환은 어떻게 당신의 생존권을 박탈하는가?

이 책은 블록체인과 가상자산, 데이터와 플랫폼 경제, 메타버스와 인공지능 등 이른바 혁신의 아이콘을 앞세운 빅테크들이 우리의 생존권을 어떻게 잠식하고 있는지를 규명한다. 무엇보다 거대한 자본을 형성한 온라인 플랫폼들이 '혁신'으로 시작해 '독점'으로 끝날 수밖에 없는 구조적인 문제들을 진단한다. 아울러 플랫폼 경제가 갈수록 승자독식 형태로 굳어지는 이유를 데이터 독점화 현상에서 찾고 그 해법을 모색한다.

미래시장의 통찰력을 키우는 산업견문록
40일간의 산업일주

| 남혁진 지음 | 406쪽 | 28,000원 |

산업의 경계를 허무는 파괴적 혁신을 포착하다!

"○○산업의 본질이 무엇인가?" 고(故) 이건희 삼성전자 회장이 자신에게 그리고 경영진에게 수없이 던진 질문이다. 그는 비즈니스의 방향을 설정하고 경영 전략과 전술을 짜는 출발점을, 산업에 대한 정확한 이해로 꼽았다. 비즈니스는 산업의 본질에 충실해지려는 과정에서 발전하고 확장된다. 이 책은 글로벌 경제를 선도하는 40개 산업의 흥망성쇠를 예리한 분석력으로 진단한 뒤, 성장가치와 투자가치를 짚어낸다. 이로써 투자자와 비즈니스맨에게는 미래를 읽는 통찰력을, 취업준비생에게는 최고의 스펙을 쌓을 수 있는 기회를 제공한다.

한국의 자본시장은 어떻게 반복되는가
시장의 기억

| 이태호 지음 | 392쪽 | 18,000원 |

"역사는 예측의 강력한 도구다!"

시장은 놀라울 정도로 반복된다. 그렇다면 과거의 타임라인에서 현재 우리에게 필요한 좌표를 찾아낼 수 있지 않을까. 이 책은 일제강점기 쌀 선물시장의 흥망부터 코로나19로 촉발된 팬데믹 시대에 이르기까지 지난 100년 동안 한국 자본시장이 겪은 사건들을 추적하며 시장의 기억에 새겨진 경제위기의 패턴을 되짚는다. 우리는 잊었지만 시장은 기억하는 역사 속 생존 전략은 무엇일까?